I0118410

# GRAMMAIRE FRANÇAISE

## RÉDIGÉE D'APRÈS LE PROGRAMME OFFICIEL DES ÉCOLES DE LA VILLE DE PARIS

## COURS ÉLÉMENTAIRE

ACCOMPAGNÉ

DE

## HUIT CENT QUATRE-VINGT-TROIS EXERCICES

PAR

### M. L. LECLAIR

AGRÉGÉ DE L'UNIVERSITÉ
AUTEUR DE LA MÉTHODE UNIFORME POUR L'ENSEIGNEMENT DES LANGUES

ET

### M. C. ROUZÉ

ANCIEN INSTITUTEUR PRIMAIRE, OFFICIER DE L'INSTRUCTION PUBLIQUE
PROFESSEUR AGRÉGÉ AU LYCÉE DE VANVES (SEINE)

La Grammaire française de M. Leclair est approuvée par le Conseil
supérieur de perfectionnement de l'enseignement secondaire
spécial et adoptée dans les Ecoles de la ville de Paris.

CINQUIÈME ÉDITION CORRIGÉE

OUVRAGE EN USAGE DANS LES ÉCOLES DE LA VILLE DE PARIS

PARIS
LIBRAIRIE CLASSIQUE D'EUGÈNE BELIN
RUE DE VAUGIRARD, N° 52.

1875

# TABLEAU

## Du Programme officiel des Écoles de la ville de Paris.

———

*Les chiffres indiquent les pages qui correspondent au programme.*

———

———

Toutes mes éditions sont revêtues de ma griffe.

*Eug. Belin*

———

SAINT-CLOUD. — IMPRIMERIE DE Mme Vve EUG. BELIN.

# PRÉFACE

Parmi les mots dont se compose la langue française, il y en a trois qui ont une importance capitale, puisqu'à eux seuls, ils pourraient au besoin exprimer toutes nos pensées : ces trois mots sont le *Nom*, l'*Adjectif* et le *Verbe*.

C'est donc avec raison que l'on a fait, de l'étude de ces trois mots, la base de l'enseignement grammatical ; et le programme du *Cours Élémentaire* ne paraîtra pas incomplet, si on le considère comme une gymnastique préparatoire et une sorte d'initiation à l'étude de la grammaire.

Pénétrés de l'esprit qui l'a dicté, nous n'avons exposé dans ce livre que les principes qui régissent l'emploi du *Nom*, de l'*Adjectif* et du *Verbe*. Persuadés d'ailleurs que cet enseignement comporte peu de règles, et qu'il doit procéder surtout par les exemples, nous avons multiplié les exercices sous toutes les formes, empruntant autant que possible nos textes aux écrivains les plus purs, et nous interdisant ces bouts de phrases tronqués et insignifiants qui n'apprennent rien, et vont même contre le but qu'on se propose, puisque, au lieu d'élargir le cercle où se meut l'esprit de l'enfant, ils contribuent à l'y maintenir.

Que l'on nous permette d'appeler l'attention sur trois petites innovations qui ne sont pas sans importance. Dans chacun des trois volumes de ce Cours, la théorie se trouve toujours sur le *verso :* ce qui facilite les recherches et permet à l'élève de mieux saisir l'ensemble des règles. Des *notes*, placées au bas de chaque page, donnent l'explication de tous les mots qui peuvent embarrasser l'enfant : cet éclaircissement immédiat a l'avantage de rendre l'étude plus profitable et plus attrayante. Par contre, au lieu de mettre le *questionnaire* en face des règles auxquelles il répond, ce qui tourne au mécanisme, nous l'avons placé après chaque division de chapitre. Cette disposition tiendra mieux en éveil l'esprit des élèves ; et chaque questionnaire, embrassant un groupe de règles complet, formera une petite récapitulation : ce sera un exercice de plus.

# GRAMMAIRE FRANÇAISE.

## COURS ÉLÉMENTAIRE

### NOTIONS PRÉLIMINAIRES.

**§ 1.** La *grammaire* est l'ensemble des règles du langage.

**§ 2.** Le langage est parlé ou écrit.

**§ 3.** Pour parler et pour écrire, on emploie des *mots*.

**§ 4. Lettres.**—Les mots sont composés de *lettres*.

**§ 5.** Il y a deux sortes de lettres : les *voyelles* et les *consonnes*.

**§ 6. Voyelles.** — Les voyelles sont : *a, e, i, o, u, y.*

**§ 7.** On les appelle *voyelles* parce que, seules et sans le secours d'aucune autre lettre, elles forment une *voix*, c'est-à-dire un *son*.

**§ 8. Consonnes.** — Les consonnes sont : *b, c, d, f, g, h, j, k, l, m, n, p, q, r, s, t, v, x, z.*

**§ 9.** Ces lettres s'appellent *consonnes*, parce qu'elles ne forment un son qu'avec le secours des voyelles, comme dans *ba, be, bi, bo, bu; da, de, di, do, du*, etc.

**§ 10.** *Consonne* veut dire qui *sonne avec*.

---

### Exercices.

Copiez les trois exercices suivants, en tirant un petit trait sous les voyelles.

#### PRIÈRE.

Ex. **1.** Notre Père des cieux, père de tout le monde,
De vos petits enfants c'est vous qui prenez soin ;
Mais à tant de bontés vous voulez qu'on réponde[1],
Et qu'on demande aussi, dans une foi profonde[2],
Les choses dont on a besoin.

---

**1. Qu'on réponde,** c'est-à-dire « qu'à vos bontés *on réponde* par des témoignages de reconnaissance. »
**2. Foi profonde.** Foi a ici le sens de « confiance en la bonté de Dieu. » Une foi profonde, c'est-à-dire une croyance entière et qui est *tout au fond* de notre cœur.

4

**Ex. 2.** Vous m'avez tout donné : la vie et la lumière,
Le blé qui fait le pain, les fleurs qu'on aime à voir,
Et mon père et ma mère, et ma famille entière ;
Moi je n'ai rien pour vous, mon Dieu, que la prière
Que je vous dis matin et soir.

**Ex. 3.** Notre Père des cieux, bénissez ma jeunesse ;
Pour mes parents, pour moi, je vous prie à genoux ;
Afin qu'ils soient heureux, donnez-moi la sagesse ;
Et puissent leurs enfants les contenter sans cesse,
Pour être aimés d'eux et de vous !     M<sup>me</sup> TASTU.

### LE GRAIN DE BLÉ.

Copiez les exercices 4, 5, 6, en tirant un petit trait sous les consonnes.

**Ex. 4.** Dans l'entrepont[1] d'un navire récemment arrivé d'Europe, deux jeunes habitants des îles de la mer Pacifique[2] trouvèrent un grain de blé : « Le blé, sans aucun doute, est une plante très-utile, dit le plus âgé; mais que faire d'un seul grain? » et il le rejeta d'un air dédaigneux.

**Ex. 5.** Son camarade, plus avisé[3], se hâta de le ramasser. Le soir même, il le déposa dans la terre et lui consacra ses soins les plus assidus[4]. La première récolte aurait tenu dans un dé; la seconde aurait pu remplir une coupe : dès la troisième, il put distribuer quelques grains à ses amis.

**Ex. 6.** Par la suite, il recueillit d'abondantes moissons, et il eut encore la gloire d'avoir introduit dans son pays une culture qui fit sa fortune et celle de ses compatriotes. C'est ainsi que l'on parvient à d'immenses résultats, quand on ne se laisse rebuter[5] ni par l'aridité[6] du travail, ni par la longue attente de ses produits.     BOULANGER.

### QUESTIONNAIRE.

Répondez aux questions suivantes : 1° De vive voix ; 2° par écrit et sans le secours du livre.

Qu'est-ce que la grammaire?
Qu'emploie-t-on pour parler ou pour écrire ?
De quoi se composent les mots ?
Combien y a-t-il de sortes de lettres ?
Quelles sont les voyelles ?
Pourquoi les voyelles se nomment-elles ainsi?
Quelles sont les consonnes
Pourquoi les consonnes se nomment-elles ainsi ?
Que veut dire le mot *consonne* ?

1. **Entrepont.** Étage entre les deux ponts ou planchers d'un navire.
2. **Mer Pacifique.** L'océan Pacifique est compris entre l'Asie et la mer des Indes à l'ouest, et l'Amérique à l'est.
3. **Avisé :** ce mot a ici le sens de prudent, sage.
4. **Assidus.** C'est-à-dire, ses soins continuels, ses soins de tous les jours.
5. **Rebuter.** Se rebuter, c.-à-d. se laisser décourager par les difficultés.
6. **Aridité,** sécheresse. On dit ici *l'aridité du travail*, parce que l'ouvrage dont il s'agit, semblable à un terrain aride, paraissait ne devoir produire que peu de fruit, et néanmoins exigeait beaucoup de peine.

§ **11.** Les trois sortes d'*e*. — L'*e* se prononce de trois manières, et cette diversité de prononciation lui a fait donner trois noms différents : *e muet, é fermé, è ouvert*.

§ **12.** L'*e muet* se fait à peine entendre, comme dans ces mots : *homme, monde, mandement*.

§ **13.** L'*é fermé* se prononce la bouche presque fermée, comme dans ces mots : *bonté, café*.

§ **14.** L'*è ouvert* se prononce en ouvrant davantage la bouche, comme dans ces mots : *succès, procès*.

§ **15.** L'*y* grec s'emploie pour un *i* après une consonne, ou bien au commencement et à la fin des mots : *lyre, yeux, dey*.

§ **16.** L'*y* grec s'emploie pour deux *i* après une voyelle : *pays, moyen, joyeux*, qui se prononcent *pai-is, moi-ien, joi-ieux*.

§ **17.** La lettre *h* est muette ou aspirée : elle est *muette* quand elle ne se fait pas entendre dans la prononciation : l'*honneur*, l'*histoire*, qu'on prononce l'*onneur*, l'*istoire*.

§ **18.** La lettre *h* est *aspirée* quand elle fait prononcer du gosier la voyelle qui suit : le *héros*, la *haine*.

---

### L'OFFRANDE DU PAUVRE.

Cherchez, dans les exercices suivants, les mots où se trouve l'*e* muet, et faites-en une liste.

**Ex. 7.** Fénelon, archevêque de Cambrai[1], confessait assidûment et indistinctement[2] dans sa métropole[3] toutes les personnes qui s'adressaient à lui. Il y disait la messe tous les samedis. Un jour il aperçut, au moment où il allait monter à l'autel, une pauvre femme fort âgée qui paraissait vouloir lui parler. Il s'approcha d'elle avec bonté, et l'enhardit par sa douceur à s'exprimer sans crainte.

**Ex. 8.** « Monseigneur, lui dit-elle en pleurant et en lui présentant une pièce de douze sous, je n'ose pas; mais j'ai beaucoup de confiance dans vos prières. Je voudrais vous prier de dire la

---

1. Ville du nord de la France.
2. C'est-à-dire, les pauvres comme les riches.
3. **Métropole**, *ville mère*, c'est-à-dire ville qui a donné naissance à d'autres. Ici, ce mot désigne l'Église dont dépendent toutes celles qui appartiennent au même diocèse.

messe pour moi. — Donnez, ma bonne, lui dit Fénelon en recevant son offrande[1]; votre aumône[2] sera agréable à Dieu.

**Ex. 9.** Messieurs, dit-il ensuite aux prêtres qui l'accompagnaient pour le servir à l'autel, apprenez à honorer[3] votre ministère. » Après la messe, il fit remettre à cette femme une somme assez considérable, et lui promit de dire une seconde messe le lendemain à son intention. MAURY.

### LE PIGEON.

Copiez les deux exercices suivants, en soulignant les mots où se trouve l'*é* fermé.

**Ex. 10.** Il était aisé de rendre domestiques[4] des oiseaux pesants, tels que les coqs, les dindons et les paons; mais ceux qui sont légers, et dont le vol est rapide, demandaient plus d'art pour être subjugués[5]. Une chaumière basse, dans un terrain clos[6], suffit pour contenir, élever et multiplier nos volailles; il faut des tours, des bâtiments élevés, faits exprès, bien enduits en dehors et garnis en dedans de nombreuses cellules[7], pour attirer, retenir et loger les pigeons.

**Ex. 11.** Ils ne sont réellement ni domestiques comme les chiens et les bœufs, ni prisonniers comme les poules; ce sont plutôt des captifs volontaires, des hôtes[8] fugitifs, qui ne se tiennent dans le logement qu'on leur offre qu'autant qu'ils s'y plaisent, autant qu'ils y trouvent la nourriture abondante, le gîte[9] agréable, et toutes les commodités, toutes les aisances nécessaires à la vie. Pour peu que quelque chose leur manque ou leur déplaise, ils se dispersent pour aller ailleurs. BUFFON.

### QUESTIONNAIRE.

De combien de manières se prononce la lettre *e*?
Comment se prononce l'*e* muet?
Comment se prononce l'*é* fermé?
Comment se prononce l'*é* ouvert?
Citez des exemples.

**1. Offrande**, signifie ici l'argent offert par les fidèles pour l'entretien du culte et les dépenses du service.

**2. Aumône**, a ici le sens de *don*.

**3.** Fénelon veut dire que le moyen de mériter l'estime et le respect, c'est de faire des œuvres charitables.

**4. Rendre domestiques**, c'est-à-dire les apprivoiser.

**5. Subjuguer**, c.-à-d. mettre sous le joug, asservir, réduire en sujétion, et ici *apprivoiser*.

**6. Terrain clos**, c.-à-d. fermé. Clore un terrain, c'est l'entourer d'une haie, d'une barrière, d'un mur, etc.

**7. Cellules.** On nomme ainsi les petites cavités d'une ruche : ici ce mot signifie *petits* compartiments.

**8. Hôtes.** Le mot hôte se dit à la fois de celui qui *donne* ou de celui qui *reçoit* l'hospitalité.

**9. Gîte**, l'endroit où l'on demeure, où l'on couche. Ex. : Un lièvre en son gîte songeait. (LA FONT.)

LE RETOUR DU PRINTEMPS.

Cherchez, dans les exercices suivants, les mots où se trouvent l'*e* muet, l'*é* fermé et l'*è* ouvert, et faites-en une liste en désignant l'espèce.

**Ex. 12.** La première feuille est venue,
O ma mère; la terre nue
De fleurs va bientôt se couvrir.
Entre le narcisse[1] qui penche,
La primevère[2] et la pervenche[3],
Les petits ruisseaux vont courir.

**Ex. 13.** C'est le printemps qui vient d'éclore :
La ruche[4] va s'emplir encore,
Les blés vont couvrir les sillons ;
Au souffle d'une douce haleine,
Toutes les roses de la plaine
Balanceront des papillons.

Copiez et soulignez les mots où *y* est employé pour deux *i*.

**Ex. 14.** Les paupières servent à protéger les yeux. — Le prince de Tunis[5] porte le titre de bey. — Les anciens chantaient en s'accompagnant de la lyre[6]. — L'Irlande[7] est une île couverte de plaines verdoyantes. — Richelieu[8] a fait construire le Palais-Royal. — La physique est la science de la nature.

**Ex. 15.** Les plaines de la Normandie[9] sont giboyeuses[10]. — Quand deux mots se prononcent de la même manière, on les nomme homonymes; on les appelle synonymes quand ils ont la

---

1. **Narcisse**, plante bulbeuse, vulgairement appelée clochette des bois, porillon.

2. **Primevère**, jolie plante qui donne des fleurs au commencement de la belle saison.

3. **Pervenche**, plante à fleur bleue ou blanche.

4. **Ruche**, sorte de panier en forme de cloche, où l'on met les abeilles.

5. **Tunis**, ville capitale de la Tunisie, province de l'Afrique septentrionale.

6. **Lyre**, instrument de musique à plusieurs cordes, fort en usage chez les anciens Grecs.

7. **Irlande**, une des grandes îles Britanniques, fait partie du Royaume-Uni de la Grande-Bretagne.

8. **Richelieu** (Armand Duplessis, cardinal de), célèbre ministre du roi de France Louis XIII (1535-1642).

9. **Normandie**, l'une des anciennes provinces de la France; Rouen en était la capitale.

10. **Giboyeuses**, qui abonde en gibier.

même signification. — La laine du mérinos[1] est soyeuse. — Un bon soldat sait mourir pour son pays. — Il faut proportionner ses dépenses à ses moyens. — La géométrie[2] a été inventée par les Egyptiens[3]. — Une supposition se nomme encore une hypothèse.

Copiez les trois exercices suivants, en tirant un trait sous les mots où *h* est muet, et deux traits sous les mots où *h* est aspiré.

**Ex. 16.** L'honneur est comme la blanche fourrure de l'hermine[4] : il ne supporte point la moindre tache. — La reine Marie Stuart[5] fut décapitée d'un coup de hache. — La faîne est le fruit du hêtre. — Le hibou est un oiseau nocturne qui se nourrit de mulots[6] et de rats. — La herse est un instrument aratoire qui déracine les mauvaises herbes.

**Ex. 17.** Le haricot est un légume très-nourrissant. — La honte est la compagne du déshonneur. — L'horizon est cette ligne qui borne nos regards et où le ciel semble toucher à la terre. — Laissez les hochets[7] aux tout petits enfants. — David[8], avec sa harpe, calmait les fureurs de Saül. — L'histoire, en nous apprenant le passé, nous donne de l'expérience.

**Ex. 18.** La Hollande[9] s'appelle aussi les Pays-Bas. — Pendant l'hiver, la terre se repose. — La première horloge date de Charlemagne[10]. — Compter sans son hôte, c'est avoir une espérance vaine. — La paresse et l'ivrognerie conduisent directement à l'hôpital. — La haine est une mauvaise conseillère.

### QUESTIONNAIRE.

Quand l'*y* s'emploie-t-il pour *i*?
Quand l'*y* s'emploie-t-il pour deux *i*?
Quand est-ce que la lettre *h* est muette?

Quand est-ce que la lettre *h* est aspirée?
Citez des exemples.

---

**1. Mérinos,** mouton de race espagnole, dont la laine est fort estimée.

**2. Géométrie,** science qui a pour objet la mesure de l'étendue.

**3. Égyptiens,** habitants de l'Egypte, contrée arrosée par le Nil, et située au nord-est de l'Afrique.

**4. Hermine,** petit quadrupède du genre des martres; son poil est fort blanc en hiver.

**5. Marie Stuart,** reine d'Ecosse. La reine Elisabeth d'Angleterre, sa rivale, lui fit trancher la tête en 1587.

**6. Mulot,** espèce de souris des champs, de couleur rousse.

**7. Hochets** (du verbe *hocher*, remuer) : ce mot désigne le jouet d'un petit enfant, le jouet qu'il agite dans sa main.

**8. David,** roi des Juifs et prophète (1040 à 1001 av. J.-C.).

**9. Hollande,** Etat de l'Europe centrale, situé sur la mer du Nord. La Hollande est aussi appelée Pays-Bas, à cause de sa situation au-dessous du niveau de la mer.

**10. Charlemagne,** roi de France et empereur d'Occident (800).

1.

**§ 19. Syllabes et mots.**—On appelle *syllabe* une ou plusieurs lettres qu'on prononce par une seule émission de voix.

**§ 20.** On appelle *mot* une ou plusieurs syllabes réunies, exprimant une idée : *toit, maison*.

**§ 21.** Un mot formé d'une seule syllabe se nomme *monosyllabe : feu, roi*.

**§ 22.** Un mot formé de deux syllabes s'appelle *dissyllabe : bonté, vertu*.

**§ 23.** Un mot formé de trois syllabes se nomme *trissyllabe : vérité, firmament*.

**§ 24.** En général, on appelle *polysyllabe* un mot qui a plusieurs syllabes.

**§ 25. Diphthongues.** — On appelle *diphthongue* la réunion de *deux sons* en une seule syllabe ; ainsi, dans les mots *Dieu, bien, oui*, il y a deux sons distincts, prononcés par une seule émission de voix.

Mais si les deux voyelles réunies ne produisent qu'un son, comme *ai, au, ou, œu*, ce ne sont pas des diphthongues : ce sont des *voyelles composées*.

---

LE ROUGE-GORGE [1].

Copiez les exercices suivants et séparez chaque syllabe par un trait.
Modèle : Le rou-ge gor-ge.

Ex. **19.** Ce petit oiseau passe tout l'été dans nos bois et ne vient auprès des habitations qu'à son départ en automne et à son retour au printemps ; mais, dans ce dernier passage, il se hâte d'entrer dans les forêts. Il cherche l'ombrage épais et les endroits humides. Il se nourrit de vermisseaux [2] qu'il chasse avec habileté.

Ex. **20.** C'est habituellement à la fin de septembre que les rouges-gorges commencent à se mettre en mouvement [3] ; s'il en

---

1. **Rouge-gorge**, petit oiseau qui a la gorge et la poitrine rouges.

2. **Vermisseau**, petit ver de terre.
3. C.-à-d., à partir.

est un qui soit resté au bois pendant l'hiver, il y devient le compagnon du bûcheron[1]; il s'approche de sa hutte pour se chauffer à son humble feu.

**Ex. 21.** Mais lorsque l'horrible froid augmente, et qu'une neige épaisse couvre la terre, il rentre dans les hameaux[2] et pénètre jusque dans nos habitations, frappe hardiment du bec aux vitres, comme pour demander l'hospitalité[3] qu'on est heureux de lui accorder, et qu'il paie par la plus aimable familiarité et la plus joviale[4] humeur.

**Ex. 22. Révision.** — Faites une liste des mots où l'*h* est *muet*, et une liste des mots où *h* est *aspiré*, dans les Ex. 19, 20 et 21.

### LE NID DE FAUVETTE.

Faites, pour chaque exercice, une liste des monosyllabes, une liste des dissyllabes et une liste des trissyllabes.

**Ex. 23.** Je le tiens, ce nid de fauvette!
Ils sont deux, trois, quatre petits!
Depuis si longtemps je vous guette[5];
Pauvres oiseaux, vous voilà pris!

Criez, sifflez, petits rebelles[6]:
Débattez-vous; oh! c'est en vain:
Vous n'avez pas encore d'ailes,
Comment vous sauver de ma main?

**Ex. 24.** Mais, quoi! n'entends-je point leur mère
Qui pousse des cris douloureux?
Oui, je le vois; oui, c'est leur père
Qui vient voltiger auprès d'eux.

Ah! pourrais-je causer leur peine,
Moi qui, l'été, dans les vallons[7]
Venais m'endormir sous un chêne
Au bruit de leurs douces chansons?

---

1. **Bûcheron** (vient du mot *bûche*), ouvrier qui abat les arbres des forêts.
2. **Hameau**, groupe de maisons situées à quelque distance d'un bourg ou d'une commune dont elles dépendent.
3. **Hospitalité**, charité qu'on exerce en recevant chez soi des étrangers, des voyageurs.
4. **Jovial, joviale.** Cet adjectif, qui signifie gai, joyeux, n'a pas de pluriel masculin.
5. **Guetter**, épier, chercher à surprendre : le chat *guette* la souris.
6. **Rebelle**, ici, qui résiste et cherche à s'échapper.
7. **Vallon**, espace creux enfermé entre deux collines ou deux petites montagnes.

Ex. **25.** Hélas! si du sein de ma mère
Un méchant venait me ravir[1],
Je le sens bien, dans sa misère,
Elle n'aurait plus qu'à mourir.

Et je serais assez barbare[2]
Pour vous arracher vos enfants!
Non, non, que rien ne vous sépare;
Non, les voici, je vous les rends.

Ex. **26.** Apprenez-leur dans le bocage[3]
A voltiger auprès de vous :
Qu'ils écoutent votre ramage[4],
Pour former des sons aussi doux;

Et moi, dans la saison prochaine,
Je reviendrai dans les vallons
Dormir quelquefois sous un chêne
Au bruit de leurs jeunes chansons.

BERQUIN.

### LES TROIS AMIS.
**Soulignez les mots qui renferment une diphthongue.**

Ex. **27.** Un homme avait trois amis : deux lui étaient surtout très-chers; le troisième lui était indifférent[5], quoique celui-ci lui portât un sincère attachement. Un jour, il fut appelé en justice. « Qui de vous, dit-il à ses amis, viendra témoigner en ma faveur? car une grande accusation pèse sur moi. » Le premier de ses amis s'excusa à l'instant de ne pouvoir l'accompagner, et prétendit qu'il était retenu par d'autres affaires.

Ex. **28.** Le second le suivit jusqu'aux portes du palais de justice; là, il s'arrêta et retourna sur ses pas. Le troisième, sur lequel il avait le moins compté, entra, parla en sa faveur, et témoigna de son innocence avec tant de conviction, que le juge le renvoya absous[6].— L'homme a trois amis en ce monde : comment se comportent-ils à l'heure de la mort, lorsque Dieu l'appelle à son tribunal?

Ex. **29.** L'argent, son ami chéri, le délaisse d'abord, et ne va pas avec lui. Ses parents et ses amis le suivent jusqu'aux portes du tombeau, et retournent dans leurs demeures. Le troisième l'accompagne jusqu'au trône du souverain Juge : ce sont ses bonnes œuvres; elles le précèdent, elles parlent en sa faveur et le justifient aux yeux de Dieu.

---

1. **Ravir,** enlever brusquement.
2. **Barbare,** cruel.
3. **Bocage,** petit bois planté d'arbres de moyenne élévation.

4. **Ramage,** chant des oiseaux.
5. **Indifférent,** qui n'inspire aucun intérêt, aucune affection.
6. C.-à-d. le déclara innocent.

## PARABOLE[1] ARABE.

*Cherchez, dans les exercices suivants, les mots où se trouvent
des voyelles composées, et faites-en une liste.*

**Ex. 30.** Un roi de l'Orient[2] fit comparaître devant lui, un jour,
ses trois fils. Il fit apporter devant eux par ses esclaves trois
urnes[3] scellées[4]. L'une de ces urnes était d'or, l'autre d'ambre[5],
la dernière d'argile. Le roi dit à l'aîné de ses fils de choisir
parmi ces urnes celle qui lui paraîtrait contenir le trésor le plus
précieux.

**Ex. 31.** L'aîné choisit le vase d'or, sur lequel était écrit
*Empire*; il l'ouvrit et le trouva plein de sang. Le second prit le
vase d'ambre, sur lequel était écrit *Gloire*; il l'ouvrit et le trouva
plein de la cendre des hommes qui avaient fait du bruit[6] dans le
monde. Le troisième prit le seul vase qui restait, celui d'argile;
il l'ouvrit, et le trouva vide; mais, au fond, le potier avait écrit
le saint nom de *Dieu*.

**Ex. 32.** « Lequel de ces vases pèse le plus? » demanda le
roi à sa cour. Les ambitieux[7] répondirent que c'était le vase
d'or; les poëtes[8] et les conquérants, que c'était le vase d'ambre; les sages, que c'était le vase vide, parce qu'une seule lettre
du nom de *Dieu* pesait plus que le globe de la terre.

LAMARTINE[9].

**Ex. 33 et 34.** Racontez de vive voix les deux paraboles précédentes.

### QUESTIONNAIRE.

Qu'appelle-t-on syllabe?
Qu'appelle-t-on mot?
Qu'appelle-t-on monosyllabe?
Qu'appelle-t-on dissyllabe?

Qu'appelle-t-on trissyllabe?
Qu'appelle-t-on polysyllabe?
Qu'appelle-t-on diphthongue?
Qu'appelle-t-on voyelle composée?

**1. Parabole**, sorte d'allégorie ou de comparaison qui renferme un enseignement, une leçon morale.

**2. Orient**, point du ciel où le soleil se lève sur l'horizon. Par rapport à la situation des contrées européennes, les pays *orientaux* sont les pays situés en Asie.

**3. Urne**, vase antique à large ouverture et dans lequel on conservait religieusement les cendres des morts.

**4. Scellées**, fermées et cachetées.

**5. Ambre**, substance jaunâtre, dont on fait des ornements.

**6. Faire du bruit**, signifie ici avoir une grande renommée.

**7. Ambitieux**, qui désire vivement les honneurs.

**8. Poëte**, celui qui fait des vers. Les poëtes et les conquérants sont avides de gloire.

**9.** Poëte du XIXe siècle.

**§ 26. Accents.** — Il y a trois accents : l'accent *aigu*, l'accent *grave* et l'accent *circonflexe*.

**§ 27.** L'accent *aigu* (') se met sur les *é* fermés : *bonté, café*.

**§ 28.** L'accent *grave* (`) se met sur les *è* ouverts : *succès, procès*.

**§ 29.** L'accent *circonflexe* (ˆ) sert à indiquer que les voyelles sont longues ; ainsi :

*a*, bref dans *patte*, est long dans *pâte*.

*e*, bref dans *trompette*, est long dans *tempête*.

*i*, bref dans *petite*, est long dans *gîte*.

*o*, bref dans *dévote*, est long dans *apôtre*.

*u*, bref dans *butte*, est long dans *flûte*.

**§ 30.** On fait encore usage d'autres signes orthographiques, à savoir :

L'*apostrophe* ('), qui marque la suppression d'une des voyelles *a, e, i* : *l'âme, l'orgueil, l'homme, s'il pleut*.

**§ 31.** La *cédille* (‚), qui donne le son de *s* au *c* placé devant *a, o, u* : *français, glaçon, reçu*.

**§ 32.** Le *tréma* (¨), qui se met sur les voyelles *e, i, u*, pour les détacher d'une autre voyelle et les faire prononcer séparément : *poëme, naïf, Saül*.

**§ 33.** Le *trait d'union* (-), qui joint plusieurs mots pour n'en former qu'un par le sens : *arc-en-ciel, pied-à-terre*.

---

Copiez les exercices suivants, en remplaçant l'apostrophe par la lettre élidée.
Modèle : L'Océan. Ecrivez : (Le) Océan.

Ex. **35.** L'Océan occupe les trois quarts de notre globe. — L'Italie[1] jouit d'un climat délicieux. — Qui n'aime pas Dieu, n'aime que soi. — L'ennui est une maladie dont le travail est le remède. — Les livres sont à l'âme ce que la nourriture est au corps.

Ex. **36.** L'oubli de la religion conduit souvent l'homme à l'oubli de tous les devoirs. — L'Allemagne[2] n'est pas si

---

1. **L'Italie,** royaume de l'Europe méridionale : capitale, Rome.   |   2. **L'Allemagne,** vaste contrée, située à l'est de la France.

commerçante que l'Angleterre [1]. — L'ingratitude [2] est l'indice
d'une petite âme. — On ne peut voir la vertu sans l'aimer, et on
ne peut l'aimer sans être heureux.

### LES FÊTES DE FAMILLE.

L'élève dira pourquoi l'on met ou ne met pas d'apostrophe dans les mots en
italique.

**Ex. 37.** Un régal *que* notre mère nous donnait avec *la* plus
sensible joie était *le* réveillon [3] de *la* nuit de Noël. Comme il
était tous les ans *le* même, on *s'y* attendait, mais on *se* gardait
bien *de* paraître *s'y* être attendu; car tous les ans elle *se* flattait
que *la* surprise serait nouvelle, et *c'était* un plaisir *qu'on* avait
soin *de* lui laisser.

**Ex. 38.** Pendant *qu'on* était à la messe, la soupe aux choux
verts, *le* boudin, *la* saucisse, *l'andouille, le* morceau *de* salé *le*
plus vermeil, les gâteaux, les beignets *de* pommes au saindoux,
tout cela était préparé mystérieusement par elle et *l'une* de ses
sœurs; et moi, seul confident de tout cet appareil, *je n'en* disais
mot à personne.

**Ex. 39.** Après *la* messe on arrivait; on trouvait *ce* beau déjeu-
ner sur *la* table, on *se* récriait sur *la* magnificence *de la* bonne
grand'mère, et cette acclamation *de* surprise et *de* joie était pour
elle un plein succès. *Le* jour des Rois [4], *la* fève était chez nous
encore un sujet *de* réjouissance; et quand venait *la* nouvelle année, *c'était* dans toute *la* famille un enchaînement *d'embrassades*
et un concert *de* vœux si tendres, *qu'il* eût été, je crois, impossible *d'en* être le témoin sans en être ému.

**40.** Figurez-vous un père *de* famille au milieu *d'une* foule *de*
femmes et *d'enfants,* qui, tous levant les yeux et les mains vers
*le* ciel, en appelaient sur lui les bénédictions, et lui, répondant à
leurs vœux par des larmes *d'amour* qui présageaient peut-être
*l'immense* malheur qui nous menaçait : telles étaient les scènes
que *m'offraient* ces vacances.

MARMONTEL.

Copiez l'exercice suivant et mettez une cédille sous le *c*, quand il y a lieu, en
remplaçant le *c* et les deux points par ç. — Modèle : ça — ço — çu.

**Ex. 41.** (Commenc..ons) bien notre journée : besogne bien

[1]. **L'Angleterre** est une des trois contrées qui forment le royaume-uni de la Grande-Bretagne; les autres sont l'Ecosse et l'Irlande.
[2]. **Ingratitude,** manque de reconnaissance.
[3]. **Réveillon,** repas de nuit que l'on fait à certaines fêtes : à Noël, par exemple.
[4]. **Jour des Rois,** ou Epiphanie, fête que l'Eglise célèbre le 6 janvier.

(commenc..ée) est déjà très-(avanc..ée). — L'ingrat oublie bien vite le bienfait qu'il a (rec..u). — La (fac..ade) du Louvre est admirable. — L'(Oc..éan) glacial roule des (glac..ons) qui ont parfois une lieue d'étendue. — Ne nous (berc..ons) point de vaines (espéranc..es).

Ex. **42.** Il ne faut jamais juger les choses sur un simple (aperc..u). — La tortue et le (colimac..on) portent leur maison. — Après une longue traversée, Colomb[1] (aperc..ut) enfin le Nouveau-Monde. — Une seule défaite (effac..a) souvent bien des triomphes. — Rome (commenc..a) à se corrompre quand elle fut devenue trop riche.

Choisissez, dans la colonne de droite, les mots nécessaires pour compléter les phrases suivantes :

Ex. **43.** L'Algérie[2] appartient au peuple —. Un bon élève sait toujours sa —. Pour acquitter une note, on donne un —. La devanture d'une maison se nomme la —. Le pêcheur attache un appât[3] à son —.

Leçon. Façade. Français. Hameçon. Reçu.

Ex. **44.** Le — est l'ennemi du blé. Un honnête homme est à l'abri du —. Il ne faut pas se fier à un premier —. La — de donner vaut mieux que ce qu'on donne. Le — porte toujours sa maison.

Soupçon[4]. Charançon[5] Aperçu[6]. Façon. Colimaçon.

### L'OURSE ET LE PETIT OURS.

Lisez les quatre exercices suivants, en expliquant la nature et la valeur des signes d'accentuation. Modèle : *L, apostrophe, mis pour la.*

Ex. **45.** Une ourse avait un petit ours qui venait de naître. Il était tellement laid qu'on ne reconnaissait en lui aucune figure[7] d'animal : c'était une masse informe[8] et hideuse. L'ourse, toute honteuse d'avoir un tel fils, va trouver sa voisine la corneille[9], qui faisait grand bruit par son caquet sur un arbre. « Que ferai-je, lui dit-elle, ma bonne commère, de ce petit monstre ?

1. **Colomb** (Christophe), illustre navigateur génois (1441-1506), découvrit l'Amérique en 1492.
2. **Algérie**, vaste contrée de l'Afrique septentrionale, aujourd'hui colonie française.
3. **Appât**, se dit d'un aliment que l'on met à des piéges ou aux hameçons pour prendre les oiseaux ou les poissons.
4. **Soupçon**, croyance désavanta-geuse à l'égard de quelqu'un.
5. **Charançon**, insecte qui mange les grains.
6. **Aperçu**, vue rapide, premier coup d'œil jeté sur une chose.
7. **Figure** a ici le sens de *forme*.
8. C.-à-d., sans forme, laid à voir; *hideux*, repoussant.
9. Espèce de petit corbeau, dont le *caquet* ou bavardage est étourdissant et insupportable.

J'ai envie de l'étrangler. — Gardez-vous-en bien, dit la causeuse; j'ai vu d'autres ourses dans le même embarras que vous.

**Ex. 46.** Allez : léchez doucement votre fils; il sera bientôt joli, mignon, et propre à vous faire honneur. » La mère crut facilement ce qu'on lui disait en faveur de son fils; elle eut la patience de le lécher longtemps. Enfin il commença à devenir moins difforme, et elle alla remercier la corneille en ces termes[1] : « Si vous n'eussiez modéré[2] mon impatience, j'aurais cruellement déchiré mon fils, qui fait maintenant tout le plaisir de ma vie. »

Oh! que l'impatience empêche de biens et cause de maux!

FÉNELON.

## LES DEUX MULETS.

**Ex. 47.**  Deux mulets cheminaient[3], l'un d'avoine chargé,
  L'autre portant l'argent de la gabelle[4].
  Celui-ci, glorieux d'une charge si belle,
  N'eût voulu pour beaucoup en être soulagé.
    Il marchait d'un pas relevé,
    Et faisait sonner sa sonnette;
    Quand l'ennemi se présentant,
    Comme il en voulait[5] à l'argent,
  Sur le mulet du fisc[6] une troupe se jette,
    Le saisit au frein, et l'arrête.
**Ex. 48.**    Le mulet, en se défendant,
  Se sent percer de coups : il gémit, il soupire.
  « Est-ce donc là, dit-il, ce qu'on m'avait promis?
  Ce mulet qui me suit, du danger se retire;
    Et moi, j'y tombe, et je péris! —
    Ami, lui dit son camarade,
  Il n'est pas toujours bon d'avoir un haut emploi :
  Si tu n'avais servi qu'un meunier, comme moi[7],
    Tu ne serais pas si malade. »

### QUESTIONNAIRE.

Combien y a-t-il d'accents en français?
Où met-on l'accent *aigu?*
Où met-on l'accent *grave?*
A quoi sert l'accent *circonflexe?*

Que marque l'*apostrophe?*
A quoi sert la *cédille?*
Où met-on le *tréma?*
A quoi sert le *trait d'union?*

1. **Terme**, mot, expression.
2. **Modérer**, diminuer, ramener à la juste mesure.
3. **Cheminer**, suivre un *chemin*, voyager, faire route.
4. **Gabelle**, impôt sur le sel, établi en France par Philippe VI. de Valois, en 1343.

5. Comme il était avide d'argent, comme c'était l'argent qu'il recherchait. — *L'ennemi* = les voleurs.
6. **Fisc**, panier dans lequel on portait à Rome les revenus de l'E-tat; et par suite, en France, trésor de l'Etat, administration des finances.
7. C.-à-d., comme j'en sers un.

# CHAPITRE PREMIER.

## DU NOM OU SUBSTANTIF.

§ **34.** Le **nom** ou *substantif* est le mot qui sert à nommer, à désigner une personne ou une chose.

Ex. : *Pierre, Paul, habit, chapeau.*

§ **35.** Il y a deux sortes de noms : le nom *commun* et le nom *propre.*

§ **36.** Le nom *commun* est celui qui convient à toutes les personnes ou à toutes les choses de la même espèce.

Ainsi, *homme, cheval, maison* sont des noms communs, parce qu'ils peuvent désigner tous les hommes, tous les chevaux ou toutes les maisons.

§ **37.** Le nom *propre* est celui qui sert à distinguer une personne ou une chose de toutes celles de leur espèce.

Ainsi *Adam, Ève*, sont des noms propres, parce qu'ils distinguent l'homme et la femme qui portaient ces noms, de tous les autres hommes et de toutes les autres femmes. — *Paris, Londres* sont des noms propres, parce qu'ils distinguent ces deux villes de toutes les autres villes.— Les *Romains*, les *Grecs*, sont aussi des noms propres, parce qu'ils distinguent ces peuples de tous les autres peuples.

§ **38.** La première lettre d'un nom propre doit être une *majuscule* ou *grande lettre.*

---

Copiez les quatre exercices suivants, en tirant un trait sous les noms communs et deux traits sous les noms propres.

Ex. **49.** L'*Europe* est la plus petite des cinq *parties* du *monde.* Elle est située entre l'*Asie* à l'*est*, l'océan *Atlantique* à l'*ouest*, et l'*Afrique* au *sud*. L'*Océanie*, qui est la cinquième *partie* de notre *globe*, est formée d'un grand *nombre* d'*îles* qui sont répandues dans le *Grand-Océan*[1].

---

1. **Grand-Océan** : il s'étend entre l'Amérique, l'Asie et l'Australie.

**Ex. 50.** L'*Europe* se divise en quinze *contrées* principales, dont quatre sont situées au *nord*. Ce sont : la *Grande-Bretagne*, dont la *capitale* est *Londres*, *ville* très-commerçante ; la *Scandinavie*, capitale *Stockholm* ; le *Danemark*, capitale *Copenhague*, et la *Russie*, capitale *Saint-Pétersbourg*.

**Ex. 51.** Au *centre* s'étendent la *France*, la *Belgique* et la *Hollande*, dont les *capitales* sont *Paris*, *Bruxelles* et *Amsterdam* ; la *Prusse*, capitale *Berlin* ; la *Suisse*, *villes* principales : *Genève*, *Bâle* et *Berne* ; et l'*Autriche*, capitale *Vienne*.

**Ex. 52.** Les cinq *contrées* du *sud* sont : le *Portugal* et l'*Espagne*, qui forment la *péninsule*[1] hispanique, et dont les *capitales* sont *Lisbonne* et *Madrid* ; l'*Italie*, dont la *ville* principale est *Rome* ; la *Grèce*, capitale *Athènes* ; et la *Turquie d'Europe* dont la *capitale* est *Constantinople*.

**Ex. 53.** — Faites une liste des principales contrées de l'Europe.

**Ex. 54.** — Faites une liste des capitales de l'Europe.

Faites dans chaque colonne une liste des noms communs et une liste des noms propres.

| Ex. 55. | Ex. 56. | Ex. 57. | Ex. 58. |
|---|---|---|---|
| La Bourgogne[2] | La Seine[5] | Lettre | Bœuf |
| Vigneron | Table | Le Rhône[9] | Les Cévennes[13] |
| Livre | Bordeaux[6] | Paris | Fermière |
| Louise | Ane | Fermier | La Garonne[14] |
| La Provence[3] | Louis | Marie | Marguerite |
| Négociant | La Lozère[7] | Marseille[10] | Le Caucase[15] |
| La Loire[4] | Cheval | La Picardie[11] | Paul |
| Couturière | Charlemagne | Instituteur | Bergère |
| Lyon | Jeanne | Cahier | Henri |
| Reine | Les Alpes[8] | La Lorraine[12] | Lion |

1. **Péninsule** ou presqu'île, est une terre presque entièrement entourée par les eaux de la mer.

2. **Bourgogne**, ancienne province de France, cap. Dijon.

3. **Provence**, ancienne province de France, cap. Aix.

4. **La Loire**, fleuve de France, se jette dans l'Atlantique.

5. **La Seine**, fleuve de France, se jette dans la Manche.

6. **Bordeaux**, chef-lieu du département de la Gironde.

7. **Lozère**, petite chaîne de montagnes faisant partie des Cévennes, a donné son nom à un département.

8. **Alpes**, chaînes de montagnes qui séparent la France de l'Italie.

9. **Rhône**, fleuve de France, se jette dans la Méditerranée.

10. **Marseille**, chef-lieu du département des Bouches-du-Rhône, port sur la Méditerranée.

11. **Picardie**, ancienne province de France, avait pour capitale Amiens.

12. **Lorraine**, ancienne province de France, avait pour capitale Nancy.

13. **Cévennes**, chaîne de montagnes du sud-est de la France.

14. **Garonne**, fleuve de France, descend des Pyrénées ; après avoir reçu la Dordogne, ce fleuve prend le nom de Gironde.

15. **Caucase**, chaîne de montagnes, sépare l'Europe de l'Asie.

| | | | |
|---|---|---|---|
| Nantes | Lille [5] | La Meuse [7] | La Touraine [11] |
| La Somme [1] | Servante | Villageoise | Jardinier |
| L'Alsace [2] | Philippe | Jean | Emilie |
| Soldat | Poule | Encre | Les Apennins [12] |
| Pauline | Bourgeoise | La Flandre [8] | Loup |
| L'Escaut [3] | Chien | Cultivateur | Rouen [13] |
| Papier | Plume | Crayon | Laitière |
| La Normandie [4] | François | Montpellier [9] | François |
| Juge | Les Pyrénées [6] | Antoinette | Mouton |
| Amélie | Les Vosges | La Charente [10] | Le Jura [14] |

## Ex. 59.

Faites une liste des noms propres de villes et une liste des noms propres de fleuves :

| | | | |
|---|---|---|---|
| Paris | La Garonne | Lille | La Gironde |
| La Seine | Lyon [16] | La Somme | Montpellier |
| Orléans [15] | Le Rhin [17] | Bordeaux | La Meuse |
| Marseille | Rouen | Le Rhône | Nantes [19] |
| La Loire | L'Escaut | Strasbourg [18] | Le Tibre [20] |

1. **Somme**, rivière de France, va se perdre dans la Manche.

2. **Alsace**, ancienne province de France, capitale Strasbourg.

3. **Escaut**, rivière qui prend sa source en France, traverse la Belgique et va se jeter dans la mer du Nord.

4. **Normandie**, ancienne province de France, cap. Rouen.

5. **Lille**, ancienne capitale du gouvernement de la Flandre française; aujourd'hui chef-lieu du département du Nord.

6. **Pyrénées**, chaîne de montagnes qui sépare l'Espagne de la France.

7. **Meuse**, fleuve qui a sa source près de Langres (Haute-Marne), se jette dans la mer du Nord en traversant les Pays-Bas.

8. **Flandre**. La Flandre française, ancienne province avant 1790, forme aujourd'hui le département du Nord.

9. **Montpellier**, chef-lieu du département de l'Hérault.

10. **Charente**, rivière de France, se perd dans l'Océan. Elle a donné son nom à deux départements.

11. **Touraine**, ancienne province de France, cap. Tours.

12. **Apennins**, chaîne de montagnes qui traverse l'Italie dans toute sa longueur.

13. **Rouen**, chef-lieu du département de la Seine-Inférieure.

14. **Jura**, chaîne de montagnes entre la France et la Suisse; a donné son nom à un département.

15. **Orléans**, chef-lieu du département du Loiret.

16. **Lyon**, chef-lieu du département du Rhône.

17. **Rhin**, fleuve qui prend sa source dans les Alpes et arrose la Suisse, l'Allemagne, les Pays-Bas.

18. **Strasbourg**, ancienne capitale de l'Alsace.

19. **Nantes**, chef-lieu du département de la Loire-Inférieure.

20. **Le Tibre**, fleuve qui arrose l'Italie centrale et Rome.

### Ex. 60.

Faites une liste des noms propres de pays et une liste des noms propres de montagnes.

| | | | |
|---|---|---|---|
| La France | Le Jura | L'Alsace | Le Mont-Cenis [2] |
| Les Alpes | La Bourgogne | Les Cévenues | La Flandre |
| La Belgique [1] | Les Apennins | La Normandie | Le Mont-Blanc |
| Les Pyrénées | La Lorraine | Le Caucase | L'Ile-de-France [3] |
| L'Angleterre | La Bretagne | La Touraine | Le St-Gothard |

### Ex. 61.

Faites une liste des noms propres d'hommes et une liste des noms propres de femmes.

| | | | |
|---|---|---|---|
| Adam | Isabelle | Clovis | Jeanne |
| Eve | Auguste | Christine | François |
| Caïn | Blanche | Charlemagne | Clotilde |
| Abel | Marguerite | Philippe | Eléonore |
| Marie | César [4] | Amélie | Henri |

### Ex. 62.

Faites une liste des noms communs d'hommes et une liste des noms communs d'animaux.

| | | | |
|---|---|---|---|
| Prêtre | Renard | Bourgeois | Loup |
| Lion | Berger | Chien | Soldat |
| Instituteur | Poule | Chat | Jardinier |
| Eléphant | Cerf | Paysan | Hérisson |
| Libraire | Laboureur | Vigneron | Mouton |
| Cocher | Bœuf | Cheval | Marchand |

### Ex. 63.

Faites une liste des noms communs de femmes et une liste des noms communs de choses.

| | | | |
|---|---|---|---|
| Laitière | Robe | Institutrice | Comtesse |
| Voiture | Dentelle | Papier | Couronne |
| Fruitière | Bergère | Cahier | Demoiselle |
| Maison | Houlette | Villageoise | Chapeau |
| Livre | Marquise | Charrue | Boulangère |
| Couturière | Salon | Bourgeoise | Pain |

---

1. **Belgique**, un des Etats de l'Europe centrale.

2. **Mont Cenis, mont Blanc, mont Saint-Gothard**, hautes montagnes de la chaîne des Alpes.

3. **Ile-de-France**, ancienne province de France; sa capitale était Paris.

4. **César** (Jules), général romain, fit la conquête de la Gaule et de la Grande-Bretagne, et mourut assassiné à Rome l'an 44 av. J.-C.

**Ex. 64.** Faites une liste des noms d'arbres et une liste des noms de fleurs.

| | | | |
|---|---|---|---|
| Chêne | Cerisier | Tulipe | Peuplier |
| Frêne | Réséda | Lis | Noyer |
| Rose | Pervenche | Hêtre | Coquelicot |
| Sapin | Poirier | Bluet | Acacia |
| Violette | Ormeau | Tilleul | OEillet |
| Giroflée | Amandier | Bouleau | Muguet |

**Composition.** — Choisissez un mot dans la colonne A et un mot dans la colonne B, et composez des phrases sur ce modèle : *Normandie* est un nom propre *de province. Marseille* est un nom propre de *ville*, etc.

**A**                        **B**

**Ex. 65.** La Bourgogne. — Marseille. — La Loire. ⎱ Homme.
— La Lozère. — Henri. — Cheval. — Livre. — ⎰ Femme.
Marie.                                Province.

**Ex. 66.** Le Jura. — Charles. — La Seine. — Ber- ⎱ Ville.
gère. — Lyon. — Chien. — Amélie.           ⎰ Fleuve.
                                       Montagne.

**Ex. 67.** Laitière. — Les Alpes. — Brebis. — ⎱ Animal.
Médor. — Auguste. — Taureau. — Rouen.    ⎰ Chose.

Choisissez un mot dans chaque colonne, et formez des phrases sur le modèle suivant : Les habitants de la France se nomment les Français.

**Ex. 68.** La France. — La Bel- ⎧ Les Français. — Les Turcs.—
gique. — L'Angleterre. — La ⎫ Les Belges.— Les Espagnols.—
Turquie. — La Provence. — ⎬ Les Anglais. — Les Portugais.
L'Espagne. — Le Portugal. ⎩ — Les Provençaux.

**Ex. 69.** Lyon. — Paris. — ⎧ Les Danois. — Les Italiens.—
Lille. — Le Danemark. — Ver- ⎪ Les Lyonnais.—Les Parisiens.—
sailles. — Marseille. — L'Autri- ⎬ Les Marseillais.—Les Lillois. —
che. — L'Italie. ⎩ Les Autrichiens. — Les Ver-
                            saillais.

**Ex. 70.** La Gironde. — La ⎧ Les Suédois.—Les Alsaciens.
Gascogne. — Nantes. — L'Al- ⎫ —Les Girondins. — Les Nantais.
sace. — Bordeaux. — L'Alle- ⎬ —Les Gascons.— Les Bordelais.
magne. — La Suède. ⎩ —Les Allemands.

L'élève cherchera les noms communs et les noms propres ; il soulignera d'un trait les noms communs et de deux traits les noms propres.

**Ex. 71.** La France portait autrefois le nom de Gaule. Cette contrée a pour capitale Paris, qui s'appela d'abord Lutèce, c'est-à-dire la demeure au milieu de l'eau, parce que cette ville était alors resserrée dans l'île de la Cité. Aussi l'image de Paris est-elle un vaisseau qui flotte sur une mer agitée.

**Ex. 72.** Aujourd'hui Paris s'étend au loin sur les deux rives de la Seine, et la splendeur de ses monuments excite l'admiration des étrangers. Le plus ancien de ses palais est le palais des

Thermes [1], que d'empereur romain Constance fit construire dans le troisième siècle qui suivit la naissance du Christ.

**Ex. 73.** Le Palais-de-Justice, appelé aussi palais de la Cité, a été la résidence des premiers rois de France. Sur la rive droite du fleuve, s'élève le magnifique palais du Louvre [2], qui n'était qu'un rendez-vous de chasse sous les Mérovingiens [3]. François Ier abattit ce château et en commença la reconstruction. Les rois Henri II, Charles IX, Henri IV, Louis XIII et Louis XIV l'agrandirent. Mais ce splendide monument, qui n'a pas son pareil en Europe, ne fut terminé qu'en 1855.

**Ex. 74.** Le palais des Tuileries fut commencé en 1564 par la reine Catherine de Médicis, sur un terrain occupé par des fabriques de tuiles. L'architecte [4] Philibert Delorme traça le plan du pavillon central [5], et les rois Henri IV, Louis XIII et Louis XIV y ajoutèrent les ailes [6]. Ce palais, réuni depuis au Louvre, a été la résidence des derniers rois de France.

**Ex. 75.** L'Hôtel-de-Ville a été achevé par le roi Henri IV. La reine Marie de Médicis éleva le palais du Luxembourg. Louis XIV construisit l'hôtel des Invalides [7]. Le palais de l'Elysée [8] fut élevé en 1728 pour le comte d'Evreux. Le palais du Corps Législatif fut commencé en 1722 et terminé en 1832, sous le roi Louis-Philippe [9].

**Ex. 76.** — Faites une liste des principaux palais de Paris.

**Ex. 77.** — Faites la liste des noms des personnes qui les ont fait construire.

Faites, pour chaque exercice, une liste des noms communs et une liste des noms propres.

**Ex. 78.** Franklin [10] a inventé le paratonnerre [11].— L'Écossais

---

**1. Thermes:** c'est le nom que les Romains donnaient à leurs établissements de bains *chauds*.

**2. Louvre**, magnifique palais dont l'origine remonte au XIIIe siècle et qui fut terminé en 1855.

**3. Mérovingiens :** c'est le nom donné aux rois de la première race (418-752), et qui appartiennent à la dynastie de Mérovée.

**4. Architecte**, artiste qui dresse les plans, ordonne les parties d'un bâtiment.

**5. Pavillon central**, c'est-à-dire le corps de bâtiment principal, qui occupe le centre d'une maison, d'un édifice.

**6. Ailes.** Au corps principal du bâtiment se rattachent les *ailes* ou parties qui occupent les côtés.

**7. Invalides;** l'hôtel des Invalides est l'hospice consacré aux soldats que leurs blessures ont rendus incapables de porter les armes.

**8. Elysée.** L'Elysée-Bourbon, hôtel bâti en 1728 par le comte d'Evreux.

**9. Louis-Philippe Ier**, roi des Français (1830-1848).

**10. Franklin** (Benjamin), né à Boston (Amérique du Nord). On lui doit l'invention du paratonnerre.

**11. Paratonnerre**, appareil destiné à garantir des effets de la foudre : on le place sur les monuments publics et les édifices élevés.

Jenner a découvert la vaccine[1] en l'année 1776. — Le marin
génois[2] Christophe Colomb découvrit l'Amérique[3] en l'an 1492.
Jean Guttemberg inventa l'imprimerie[4] à Strasbourg en 1436,
c'est-à-dire dans la première moitié du quinzième siècle.

Ex. **79.** Le Portugais Vasco de Gama découvrit la route des
Indes[5] en passant par le cap de Bonne-Espérance, qui termine
l'Afrique au sud (1450). — Le mécanicien Fulton inventa le
bateau à vapeur aux Etats-Unis, vers l'an 1800. — Fernand
Magellan, navigateur portugais, découvrit, en 1520, le détroit[6]
qui sépare l'Amérique méridionale de l'île[7] de la Terre-de-Feu;
ce hardi marin passa dans le Grand-Océan, fit le tour du monde,
et prouva ainsi que la terre est ronde.

Ex. **80.** La Belgique est contiguë à la France. — La France
est séparée de l'Espagne par les monts Pyrénées. — L'Italie est
séparée de la France par les Alpes. — Le Jura est une montagne
qui sépare la France de la Suisse. — La Somme est une rivière
qui traverse la Picardie, et se jette dans la Manche. — La Manche
et le Pas de Calais sont deux détroits ou bras de mer qui séparent la France de l'Angleterre. — Moïse dicta aux Hébreux les
dix commandements.

**Exercices d'invention.** — Remplacez par un *nom propre* les mots en *italique*.
—Au lieu de : « *le Créateur du monde* punit *nos premiers parents,* » écrivez :
*Dieu* punit *Adam et Eve.*

Ex. **81.** *Nos premiers parents* furent chassés du paradis terrestre. — *Le Créateur du monde* récompensera les hommes vertueux. — *L'inventeur du paratonnerre* était Américain. — *Le
Nouveau-Monde* a été découvert par *un Génois.* — La Marne se
jette dans *le fleuve qui traverse Paris. — La ville où fut inventée
l'imprimerie* a subi un siége terrible. — *La capitale de la France*
est la plus belle des villes.

---

1. **Vaccine,** maladie particulière à
la vache et que l'on communique à
l'homme pour le préserver de la petite vérole.
2. **Génois,** habitant de Gênes.
Gênes, ville d'Italie, port sur la
Méditerranée.
3. **Amérique** ou Nouveau-Monde,
découvert par Christophe Colomb.
Le nom d'Amérique vient d'*Améric
Vespuce,* navigateur florentin, qui
reconnut cette contrée après Co-

lomb et en fit la description.
4. **Imprimerie,** art d'imprimer les
livres, dessins, etc.
5. **Indes,** c'est le nom donné à
deux grandes presqu'îles de l'Asie
méridionale.
6. **Détroit,** canal naturel par lequel deux mers ou deux parties de
mer communiquent entre elles.
7. **Ile,** espace de terre entouré
d'eau de tous côtés.

**Ex. 82.** *Le pays des Belges* touche à la France. — *Les montagnes qui séparent la France de l'Espagne* ne sont pas si hautes que *celles qui séparent la France de l'Italie.* — *L'inventeur de la vaccine* était Ecossais. — Les bateaux à vapeur furent inventés par *un mécanicien.* — La *rivière qui arrose la Picardie* se jette dans la Manche. — Le *législateur* [1] *des Hébreux* écrivit le Décalogue. — La France est séparée de l'Angleterre par *un détroit.*

### LES VOLCANS.

Copiez les exercices suivants, en tirant un trait sous les noms communs, et deux traits sous les noms propres.

**Ex. 83.** Un volcan est un canon immense, dont l'ouverture a souvent près d'une lieue. Cette large bouche à feu vomit des torrents de fumée et de flammes, des fleuves de bitume, de soufre et de métal fondu, des nuées de cendres et de pierres; quelquefois, elle lance, à plusieurs lieues de distance, des masses de rochers énormes. Il y a, en Europe, trois fameux volcans : le mont Etna, en Sicile [2]; le mont Hécla en Islande [3] et le mont Vésuve en Italie, près de Naples [4].

**Ex. 84.** On voit les flammes de l'Etna depuis l'île de Malte, qui en est à soixante lieues. L'Hécla lance ses feux à travers les neiges d'une terre glacée. Le Vésuve, dont les éruptions n'ont commencé qu'en 79 après la naissance du Christ, ensevelit, sous sa lave [5], les villes d'Herculanum et de Pompéi, et lança ses cendres avec tant de force, qu'elles furent portées jusqu'à Rome [6], et même au delà de la mer Méditerranée [7].　　　(BUFFON.)

### QUESTIONNAIRE SUR LE NOM.

Qu'est-ce que le *nom?*
Combien y a-t-il de *sortes* de noms?
Qu'est-ce que le nom *commun?*
Qu'est-ce que le nom *propre?*

Pourquoi *Adam, Eve, Paris,* les *Romains* sont-ils des noms propres?
Quelle doit être la première lettre d'un nom propre?

**1. Législateur,** c'est-à-dire celui qui donne des lois à un peuple; qui fait des lois.

**2. Sicile,** la plus grande des îles de la Méditerranée, au sud de l'Italie.

**3. Islande,** grande île située au nord-ouest de l'Europe.

**4. Naples,** ville d'Italie, sur la mer Méditerranée, près du Vésuve.

**5. Lave,** matière fondue et enflammée que vomissent les volcans.

**6. Rome,** ville d'Italie, ancienne capitale de l'empire romain.

**7. Méditerranée,** c'est-à-dire qui est au milieu des terres. Cette mer est située entre l'Europe, l'Asie et l'Afrique.

**Invention.** — Choisissez un mot dans la colonne A et un mot dans la colonne B, et formez des phrases sur ce modèle : *Le soleil est un astre.*

| A. | B. |
|---|---|
| Ex. **85.** Soleil. — Terre. — Tulipe. — Charpentier. — Lion. — Chêne. | Astre. — Fleur. — Artisan. — Planète. — Arbre. — Animal. |

Formez des phrases semblables à l'aide des mots suivants. Modèle : *L'œillet est une fleur.*

Ex. **86.** L'œillet. — Le chien. — Le peuplier. — L'étoile. — Le menuisier. — La lune.

Choisissez un mot dans chaque colonne, et formez des phrases sur le modèle : *La pomme est un fruit.*

| | |
|---|---|
| Ex. **87.** Pomme. — Roseau. — Mauve. — Rose. — Bêche. — Haie. | Fruit. — Plante. — Outil. — Arbuste. — Clôture — Fleur. |

Formez des phrases semblables à l'aide des mots suivants. Modèle : *La pêche est un fruit.*

Ex. **88.** La pêche. — Le groseillier. — La tulipe. — La palissade. — Le râteau. — Le persil.

Choisissez un mot dans chaque colonne, et formez des phrases sur le modèle suivant : *Le serpent est un reptile.*

| | |
|---|---|
| Ex. **89.** Serpent. — Poule. — Chien. — Fer. — Plante. — Eau. — Air. | Reptile [1]. — Quadrupède [2]. — Végétal [3]. — Fluide [4]. — Liquide [5]. — Volatile [6]. — Minéral [7]. |

Formez des phrases semblables à l'aide des mots suivants. Modèle : *La vipère est un reptile.*

Ex. **90.** Couleuvre. — Ane. — Argent. — Vin. — Arbre. — Gaz. — Canard.

---

1. **Reptile** se dit de tout animal qui rampe ou même qui semble se traîner sur le ventre.

2. **Quadrupède** signifie *qui a quatre pieds.* Ex. : le cheval, le chien sont des quadrupèdes.

3. **Végétal** se dit de tout ce qui croît en puisant sa nourriture dans l'air et dans le sol, comme les plantes et les arbres.

4. **Fluide** est une expression qui sert à désigner les gaz, l'air, etc., et en général les corps dont les parties sont trop subtiles pour que nous puissions les voir ou les toucher.

5. **Liquide**, se dit d'un corps qui coule ou tend à couler, comme l'eau, le vin, ou même un métal en fusion.

6. **Volatile**, animal qui vole ; se dit des oiseaux et des insectes.

7. **Minéral**, se dit des corps non organisés qui se trouvent dans le sol ou à sa surface, comme les pierres, les métaux, etc.

Choisissez un mot dans chaque colonne et formez des phrases sur le modèle suivant : *Un chapeau est une coiffure.*

**Ex. 91.** Chapeau. — Soulier. ⎰ Coiffure. — Meuble. — Vase. — Gilet. — Buffet. — Fauteuil. ⎱ — Chaussure. — Siége. — Vê- — Flacon. ⎰ tement.

Formez des phrases semblables à l'aide des mots suivants. Modèle : *Une casquette est une coiffure.*

**Ex. 92.** Casquette. — Redingote. — Chaise. — Bottine. — Armoire. — Carafe.

A l'aide des mots suivants, formez des phrases sur ce modèle : *La pomme est le fruit du pommier.*

**Ex. 93.** Pomme. — Poire. — Abricot. — Pêche. — Prune. — Cerise. — Figue. — Fraise. — Nèfle. — Muscade.

**Ex. 94.** Framboise. — Jujube [1]. — Grenade. — Corme [2]. — Banane [3]. — Citron. — Marron. — Mûre.

**Ex. 95.** Coing [4]. — Amande. — Noix. — Merise [5]. — Groseille. — Gomme. — Châtaigne. — Datte [6]. — Noisette. — Café.

Choisissez un mot dans chaque colonne, et formez des phrases sur ce modèle : *Le vice du gourmand est la gourmandise.*

**Ex. 96.** Gourmand. — Avare. ⎰ Paresse. — Gourmandise. — — Méchant. — Paresseux. ⎱ Avarice. — Méchanceté.

**Ex. 97.** Jaloux. — Impie. — ⎰ Jalousie. — Intempérance. — Orgueilleux. — Intempérant. ⎱ Orgueil. — Impiété.

A l'aide des mots suivants, formez des phrases sur ce modèle : *La corde se vend chez le cordier.*

**Ex. 98.** Corde. — Epice. — Chapeau. — Couteau. — Poêle. — Selle.

**Ex. 99.** Charbon. — Sabot. — Chaudron. — Chiffon. — Serrure. — Papier. — Vitre.

**Ex. 100.** Carrosse. — Tapis. — Bijou. — Bonnet. — Botte. — Chocolat. — Fruit.

Choisissez un mot dans chaque colonne, et formez des phrases sur ce modèle : *La qualité d'un homme docile est la docilité.*

**Ex. 101.** Propre. — Humble. ⎰ Docilité. — Patience. — Pro- — Docile. — Patient. — Pieux. ⎱ preté. — Humilité. — Piété.

---

**1. Jujube,** fruit du jujubier, arbrisseau épineux qui croît en Asie, en Afrique et dans le midi de l'Europe.

**2. Corme,** fruit acide du cormier.

**3. Banane,** fruit du bananier, arbre qui croît dans les Indes.

**4. Coing,** fruit du cognassier.

**5. Merise,** fruit du merisier, cerisier sauvage de l'Europe centrale.

**6. Datte,** fruit du dattier, sorte de palmier qui croît en Afrique.

Ex. **102.** Fidèle.—Généreux. ( Savoir. — Obéissance. — Gé-
— Obéissant. — Courageux. — { nérosité. — Bravoure. — Cou-
Brave. — Savant. ( rage. — Fidélité.

*Choisissez un mot dans chaque colonne, et formez des phrases sur ce modèle :*
*L'élève se sert du cahier.*

Ex. **103.** Elève.—Forgeron. ( Cahier. — Houlette. — Char-
— Cordonnier. — Laboureur. } rue. — Enclume. — Cuir. —
— Pianiste. — Berger. ( Piano.

Ex. **104.** Menuisier. — Tail- ( Truelle. — Serpe. — Rasoir.
leur.— Maçon. — Jardinier. — { — Rabot. — Pinceau. — Ai-
Soldat. — Barbier. — Peintre. ( guille. — Fusil.

*Choisissez un mot dans chaque colonne, et formez des phrases sur ce modèle :*
*Le poisson est dans l'eau.*

Ex. **105.** Poisson.—Dieu.— ( Eau. — Nid. — Bibliothèque.
Chêne. — Oiseau. — Bœuf. — } — Ciel. — Forêt. — Etable. —
Livre. — Serrurier. ( Forge.

Ex. **106.** Pommier.—Che- ( Bois. — Ville. — Ruche. —
val. — Chevreuil. — Palais. — } Jardin. — Ecrin. — Ecurie. —
Lapin. — Abeille. — Lit. — } Terrier. — Dortoir.
Bijou.

Ex. **107.** Autel.—Vaisselle. ( Grenier. — Bourse.—Eglise.
— Poule. — Foin. — Argent. < — Basse-cour. — Niche. —
— Menuisier. — Canard. — } Buffet. — Etang. — Atelier.
Chien.

*Formez, à l'aide des mots suivants, des phrases sur ce modèle : La carpe est*
*dans [ la rivière ].*

Ex. **108.** Carpe. — Sapin. — Vache. — Banc. — Ferme. —
Rosier. — Brebis.

Ex. **109.** Cerf. — Blé. — Vin. — Elève. — Laboureur. —
Forgeron. — Dindon. — Tonneau.

Ex. **110.** Cygne [1].— Agneau.— Poirier.— Chaire [2].—Cloche.
— OEuf. — Serin.

*Choisissez un mot dans chaque colonne, et formez des phrases sur ce modèle :*
*Le chapeau est sur la tête.*

Ex. **111.** Chapeau. — Pen- ( Tête. — Branche. — Mon-
dule. — Girouette [3]. — Oiseau. { tagne. — Cheminée. — Clo-
— Croix. — Sapin. — Livre. ( cher. — Pupitre. — Toit.

---

1. **Cygne,** oiseau aquatique, c.-à- | prêcher ou enseigner.
d., qui vit ordinairement sur l'eau. | 3. **Girouette,** plaque mobile qui
2. **Chaire,** tribune élevée pour | indique la direction du vent.

Ex. **112**. Registre.—Pain.—( Tige[1]. — Brebis. — Bureau.
Fleur. — Vaisseau. — Gland. } — Mer. — Chêne. — Tête. —
— Laine. — Chevelure. ( Armoire.

Ex. **113**. Bateau.—Fruit.—( Arbre. — Maison. — Lit. —
Toit. — Phare[2]. — Marché. — } Rivière. — Place. — Rempart.
Canon. — Edredon. ( — Rivage.

Formez, à l'aide des mots suivants, des phrases sur ce modèle : *Le miroir est sur* [la cheminée].

Ex. **114**. Pomme. — Nid. — Plumet. — Casquette. — Bouchon. — Eteignoir. — Couvercle. — Feuille. — Cavalier.

Ex. **115**. Tapis. — Mât. — Casque. — Tuile. — Cocher. — Epaulette. — Cuirasse. — Nappe. — Raisin.

Choisissez un mot dans la colonne de droite, et complétez chacune des phrases suivantes. Modèle : *Le berger est le gardien* [ de la brebis].

Ex. **116**. Le berger est le gardien —. \ Monde.
Dieu est le créateur —. Le bœuf est | Laboureur. — Vigne.
l'aide —. Le raisin est le fruit —. Le ( — Troupeau. —
soleil est le flambeau —. La lune est ( Malheureux. — Jour.
l'astre —. L'hirondelle est la messagère \ — Printemps.
—. L'étude est la consolation —. ) — Nuit.

Ex. **117**. Paris est la capitale —. Le \ Homme. — Vertu.
chien est l'ami —. Les oiseaux sont les ( — Forêt. —
musiciens —. Le bonheur est le fruit —. } France. — Pauvre.
La rose est la reine —. L'hôpital est l'a- \ — Jardin. —
sile —. La religion est la consolatrice—. ) Pécheur.

Ex. **118**. Un bon élève fait la joie —. \ Dieu. — Adam. —
Le monde est l'ouvrage —. Caïn et Abel ( Belgique. — Maître.
étaient les fils —. Le lis est l'image —. } — Souris.
Bruxelles est la capitale —. La boussole[3] \ — Matelot.
est le guide —. Le chat est l'ennemi —. ) — Innocence.

Complétez de même les phrases suivantes. Modèle : Dieu est le créateur *du monde.*

Ex. **119**. La fleur est l'ornement —. Le berger est le gardien —. La richesse est le fruit —. La cage est la prison —. Le loup est l'ennemi —. Le chêne est le plus gros arbre —. Le pinceau est l'instrument —. Le rabot est l'outil —.

Ex. **120**. Londres est la capitale —. La mouche se prend dans la toile —. La poire est le fruit —. Les baleines sont les plus gros poissons —. La haie est la clôture —. La feuille est la parure —. L'habit est l'ouvrage —.

Ex. **121**. Paris est la plus belle ville —. La clef est l'ou-

1. **Tige**, partie du végétal qui supporte les branches.
2. **Phare**, tour éclairée qui, la nuit, guide la marche des navires.
3. Cadran dont l'aiguille aimantée se tourne toujours vers le nord.

vrage —. L'œil est l'organe [1] —. Le fusil est l'arme —. Le vin est le produit —. L'agneau est le petit —. Le chevreau est le petit —. La ferme est la demeure —.

Ex. **122.** Le nez est l'organe —. L'Eglise est la maison —. L'aiguillon est l'arme —. Les cornes sont la défense —. La châtaigne est le fruit —. Paris est situé sur les bords —. Les griffes sont la défense —. La serrure est l'ouvrage —.

Choisissez un mot dans la colonne de droite, et complétez chacune des phrases suivantes :

Ex. **123.** Le — arrosera le jardin. Le — confectionne les habits. Le cuir se prépare chez le —. Les élèves seront instruits par le —. La patrie sera défendue par le —. Les livres s'achètent chez le —.

Soldat.
Professeur.
Corroyeur.
Jardinier.
Libraire.
Tailleur.

Ex. **124.** Le — recouvre les livres. Le — commande les soldats. Le pain se fait chez le —. La vigne est cultivée par le —. Le — répare le toit —. Le — écrit sur la pierre.

Général.
Couvreur.
Lithographe [2].
Relieur.
Vigneron.
Boulanger.

Ex. **125.** La bière se fait chez le —. Le — confectionne les tonneaux. Les harnais se font chez le —. Le — aiguise les lames sur la meule. Nous achetons nos lampes chez le —. Le — soigne les chevaux.

Lampiste.
Brasseur.
Palefrenier.
Tonnelier.
Bourrelier.
Coutelier.

Ex. **126.** Le — ne prend pas toujours du poisson. Les jardins sont souvent pillés par le —. Le — retourne la terre avec la charrue. Les meubles se font chez l' —. Les vieux livres se vendent chez le —. Le — soigne les blessés.

Laboureur.
Bouquiniste.
Pêcheur.
Ebéniste.
Chirurgien.
Maraudeur.

### L'ÉCUREUIL.

Complétez chaque phrase à l'aide des mots placés dans la colonne de droite.

Ex. **127.** L'Ecureuil est un joli petit — qui, par sa —, par sa —, par l' — même de ses mœurs [3], mériterait d'être épargné. Sa nourriture ordinaire se compose de —, d' —, de — et de —.

Amandes.
Animal.
Docilité.
Faîne [4]. Fruits.
Gentillesse.
Gland.
Innocence.

---

1. **Organe**, partie du corps destinée à exercer une fonction quelconque. Ex. : Les organes de la vue, de l'ouïe, de l'odorat, etc.
2. **Lithographe**, celui qui grave ou dessine sur la pierre.
3. **Mœurs**, c'est-à-dire caractère, habitudes, manière de vivre.
4. **Faîne**, fruit du hêtre, arbre de l'Europe centrale.

Ex. **128.** Il a l'œil plein de —, le — nerveux, les — très-dispos : sa jolie — est encore rehaussée[1], parée par une belle — en forme de —, qu'il relève jusque dessus sa —, et sous laquelle il se met à l'—.

{ Corps. — Feu, Figure. Tête Membres. Ombre. Queue. Panache. }

Ex. **129.** Il se tient ordinairement assis, et se sert de ses — de devant comme d'une —, pour porter sa — à sa —. Au lieu de se cacher sous —, il est toujours en l'—, et il approche de l' — par sa légèreté.

{ Air. Terre. Bouche. Main. Pieds. Nourriture. Oiseau. }

Ex. **130.** L'écureuil demeure comme l'—sur la — des arbres, et parcourt la — en sautant de l'un à l'autre. Il y fait son —, cueille la —, boit la — et ne descend à — que quand les arbres sont agités par la violence du —.

{ Cime[2]. Rosée. Graine. Nid. Forêt. Oiseau. Terre.—Vent. }

Ex. **131.** Il craint l' — plus encore que la — et l'on assure que, lorsqu'il doit la passer, il se sert d'une — pour —, et de sa — pour — et pour —. BUFFON.

{ Ecorce. Gouvernail[3]. Vaisseau. Eau.—Queue. Terre.—Voile. }

### L'ENFANT ET LA FEUILLE.

Ex. **132.** Un —jouait un jour dans un — à côté de son père. Il trouva dans un — une — flétrie[5]. D'où vient, demanda l' — à la feuille, ce — délicieux que tu exhales? Serais-tu la —?

{ Feuille. Enfant. Parterre[4]. Jardin.—Rose. Parfum. }

Ex. **133.** Non, répondit la —, je ne suis point la —, mais j'ai vécu quelque — dans son — : de là vient la douce — qui cause ton —.

{ Odeur.—Rose. Feuille. Temps. Voisinage. Etonnement. }

Ex. **134.** Le —, qui avait écouté cette —, dit à son — : Tu vois, cher —, quelle heureuse — une bonne — exerce sur celui qui la fréquente. N'aie donc jamais que de bons —.

{ Influence[6]. Père.—Enfant. Camarades. Conversation. Société. Fils. }

---

1. **Rehaussée,** a ici le sens d'embellie, ornée. — *Panache,* plumet de couleurs différentes.
2. **Cime,** la partie la plus élevée d'un arbre, d'un rocher.
3. **Gouvernail,** pièce de bois attachée à l'arrière d'un bateau ou d'un navire et qui sert à *gouverner,* c'est-à-dire, à diriger l'embarcation.
4. **Parterre,** signifie la partie d'un jardin qui est garnie de fleurs.
5. **Flétrie,** c'est-à-dire qui a perdu sa beauté et sa fraîcheur.
6. **Influence,** action qu'une personne ou une chose exerce sur une autre.

**§ 39.** Il faut considérer, dans les noms, le *genre* et le *nombre*.

### GENRE.

**§ 40.** Le *genre* est la propriété qu'a le nom de désigner le sexe.

**§ 41.** Il y a, en français, deux genres : le *masculin* et le *féminin*.

**§ 42.** Les noms d'*hommes* ou d'*animaux mâles* sont du genre *masculin*.

Ex. : un *père*, un *fils*, un *lion*, un *cheval*.

**§ 43.** Les noms de *femmes* ou d'*animaux femelles* sont du genre *féminin*.

Ex. : une *mère*, une *fille*, une *lionne*, une *jument*.

**§ 44.** L'usage a ensuite donné aux choses le genre masculin ou le genre féminin.

Ex. : *un livre, une table, le soleil, la lune.*

**§ 45.** On reconnaît qu'un nom est du genre masculin quand on peut mettre *un* ou *le* devant ce nom.

Ex. : *le* chat, *un* chêne, *le* papier.

**§ 46.** On reconnaît qu'un nom est du genre féminin quand on peut mettre *une* ou *la* devant ce nom.

Ex. : *la* lionne, *une* feuille, *une* plume.

Faites une liste des noms masculins et une liste des noms féminins contenus dans chaque colonne.

| Ex. **135.** | Ex. **136.** | Ex. **137.** | Ex. **138.** |
|---|---|---|---|
| Homme | Garçon | Chien | Chèvre |
| Femme | Fille | Chienne | Bouc |
| Père | Voisin | Bœuf | Serpent |
| Mère | Voisine | Vache | Vipère |
| Frère | Jardin | Louve | Soleil |
| Sœur | Maison | Loup | Lune |
| Oncle | Palais | Tigresse | Eclipse |
| Tante | Ecole | Tigre | Astre |
| Parrain | Mâle | Coq | Firmament [1] |
| Marraine | Femelle | Poule | Etoile |
| Cousine | Lionne | Chat | Planète [2] |
| Cousin | Lion | Chatte | Nuit |

**1. Firmament,** la voûte bleue apparente qui s'élève au-dessus de la terre, et que les anciens croyaient *ferme, solide.* Cette voûte est tout simplement produite par la coloration de l'air.

**2. Planète,** astre qui tourne autour d'un astre plus volumineux que lui.

| | | | |
|---|---|---|---|
| Jour | Tonnerre [1] | Pomme | Abricotier |
| Glace | Eclair [2] | Figue | Abricot |
| Hiver | Eté | Cerise | Grenadier |
| Vent | Chaleur | Cerisier | Grenade |
| Neige | Poirier | Rosier | Orange |
| Grêle | Poire | Rose | Oranger |
| Vapeur | Pommier | Pêcher | Citronnier |
| Gelée | Figuier | Pêche | Citron |

### Ex. 139.

Mettez *un* devant les noms masculins, et *une* devant les noms féminins.

| | | | | |
|---|---|---|---|---|
| Pays | Fleuve | Forêt | Fermier | Lion |
| Province | Rivière | Bocage | Laitière | Jument |
| Ville | Montagne | Champ | Bergère | Cheval |
| Temple | Ruisseau | Prairie | Jardinier | Anesse |

### Ex. 140.

| | | | | |
|---|---|---|---|---|
| Eglise | Mer | Jardin | Cultivateur | Ane |
| Hôtel | Etang | Campagne | Servante | Brebis |
| Château | Rivage | Marais | Maîtresse | Bélier [3] |
| Village | Colline | Ferme | Bûcheron | Lionne |

### Ex. 141.

Mettez *le* devant les noms masculins, et *la* devant les noms féminins.

| | | | | |
|---|---|---|---|---|
| Maison | Règle | Couteau | Casquette | Rabot [4] |
| Toit | Papier | Nappe | Veste | Scie |
| Cabinet | Plume | Serviette | Chapeau | Lime |
| Chambre | Cahier | Plat | Pantalon | Marteau |

Copiez les exercices suivants en tirant un trait sous les noms propres masculins, et deux traits sous les noms propres féminins.

**Ex. 142.** La France conserve avec fierté le souvenir de plusieurs femmes qui se sont distinguées par leur vertu ou par leur courage. Qui n'a entendu parler de Geneviève, qui arrêta devant Lutèce le farouche Attila, roi des Huns [5]? Qui ne connaît la vertueuse Clotilde, fille de Chilpéric, roi des Bourguignons [6], qui épousa Clovis, roi des Francs [7], et le convertit à la religion du Christ?

---

1. **Tonnerre**, se dit du bruit qui accompagne l'explosion de la foudre.

2. **Eclair**, se dit de la lumière éclatante et subite qui précède le bruit du tonnerre.

3. **Bélier**, le mâle de la brebis.

4. **Rabot**, outil de menuisier, sert pour aplanir le bois.

5. **Huns**. Les Huns, peuple barbare, venus des confins de l'Asie, sous la conduite de leur chef Attila, ravagèrent la France en 453.

6. **Bourguignons**. Les *Burgondes* ou Bourguignons, peuple du nord de la Germanie (aujourd'hui *Allemagne*), envahirent la Gaule et s'y établirent (406 av. J.-C.).

7. **Francs** ou Franks, nom donné à plusieurs peuplades germaniques. Les Francs envahirent la Gaule au Ve siècle après Jésus-Christ.

**Ex. 143.** La piété de sainte Radegonde, épouse de Clotaire I[er][1], nous console un peu des crimes qui ensanglantèrent notre pays sous les successeurs de Clovis. La reine Brunehaut, femme de Sigebert, roi d'Austrasie[2], lutta contre Frédégonde, femme de Chilpéric, roi de Neustrie[3], avec une telle fureur, qu'on ne pense plus guère aux églises qu'elle fonda, ni aux belles chaussées[4] dont elle sillonna son royaume.

**Ex. 144.** La reine Blanche, mère de Louis IX[5], se signala par sa piété et sa sagesse. Elle gouverna le royaume avec une grande fermeté pendant l'absence de son fils, qui était allé combattre les Musulmans[6] pour délivrer la Palestine[7] du joug[8] des Infidèles, et qui mourut à Tunis[9], en Afrique, sans avoir pu triompher des disciples de Mahomet.

**Ex. 145.** Pendant la guerre de Cent Ans[10], la France presque tout entière était tombée au pouvoir des Anglais. Une jeune fille de dix-sept ans, Jeanne d'Arc, née en Lorraine[11], délivra Orléans[12] et la Champagne[13] de la présence des Anglais et conduisit le roi Charles VII à Reims, où il fut sacré.

**Ex. 146.** Environ cinquante ans plus tard, Jeanne Hachette soutint dans Beauvais deux assauts contre les troupes de Charles le Téméraire, duc de Bourgogne, et ôta à ce prince tout espoir

---

1. **Clotaire Ier**, fils de Clovis et de Clotilde, roi de Soissons (511 à 558), puis seul roi de France (558 à 561).

2. **Austrasie**, royaume formé de la partie orientale de l'empire mérovingien, avait Metz pour capitale.

3. **Neustrie** : royaume formé après le démembrement des États de Clovis, comprenait les pays situés entre la Manche, la Meuse et la Loire.

4. **Chaussée**, route pavée.

5. **Louis IX** ou Saint Louis, fils de Louis VIII, roi de France (1226-1270).

6. **Musulmans**, d'un mot arabe qui signifie *vrai croyant*. C'est le nom qu'ont pris les sectateurs de Mahomet, appelés aussi *Mahométans*.

7. **Palestine**, nom donné à la Terre Sainte; contrée de la Turquie d'Asie, qui a pour ville principale Jérusalem.

8. **Joug.** Le joug est proprement la pièce de bois qu'on met sur le cou des bœufs pour les atteler. Au figuré, joug signifie sujétion, asservissement.

9. **Tunis**, ville située sur la Méditerranée (Afrique du Nord).

10. **Guerre de Cent Ans.** On entend par ces mots la longue guerre qui désola la France pendant les règnes de Philippe de Valois, Jean le Bon, Charles V, Charles VI, Charles VII. Nos pères l'appelaient aussi *guerre des Anglais*.

11. **Lorraine**, ancienne province de la France; capitale, Metz.

12. **Orléans**, chef-lieu du département du Loiret.

13. **Champagne**, ancienne province de France; sa capitale était *Troyes*.

d'enlever la place de vive force. Enfin, sous la Terreur[1], Charlotte Corday[2] vint poignarder à Paris le sanguinaire Marat[3].

### LE BOUT DU MONDE.

Copiez les noms contenus dans l'exercice suivant, et faites une liste des noms masculins et une liste des noms féminins.

**Ex. 147.** L'ENFANT : — Père, apprenez-moi, je vous prie,
Ce qu'on trouve après le coteau[4]
Qui borne à mes yeux la prairie.

LE PÈRE : — On trouve un espace nouveau ;
Comme ici, des bois, des campagnes,
Des hameaux, enfin des montagnes.

L'ENFANT : — Et plus loin ?

LE PÈRE : —     D'autres monts encor.

L'ENFANT : — Après ces monts ?

LE PÈRE : —     La mer immense.

L'ENFANT : — Après la mer ?

LE PÈRE : —     Un autre bord.

L'ENFANT : — Et puis ?

LE PÈRE : —     On s'avance, on s'avance,
Et l'on va si loin, mon petit,
Si loin, toujours faisant sa ronde,
Qu'on trouve enfin le bout du monde
Au même lieu d'où l'on partit[5].

### QUESTIONNAIRE.

Que faut-il considérer dans les noms ?
Qu'est-ce que le *genre ?*
Combien y a-t-il de genres en français ?
Quels sont les noms qui sont du genre masculin ?
Quels sont les noms qui sont du genre féminin ?

Qu'est-ce qui a déterminé le genre des choses ?
Comment reconnaît-on qu'un nom est masculin ?
Comment reconnaît-on qu'un nom est féminin ?
Citez des exemples.

**1. La Terreur,** se dit de la période révolutionnaire qui s'étend depuis le 31 mai 1793 jusqu'à la chute de Robespierre (27 juillet 1794).

**2. Charlotte Corday,** née en 1768, dans le département de l'Orne, poignarda Marat et fut exécutée le 17 juillet 1793.

**3. Marat** ou Mara, sarde d'origine, était né en Suisse. Cet homme fut un des plus dangereux démagogues de la Révolution.

**4. Coteau,** se dit d'une petite colline ou du penchant d'une colline.

**5.** C'est ce que l'on appelle faire le *tour du monde.* La terre étant ronde, on revient naturellement au point de départ.

## Distinction du genre.

**§ 47.** La distinction du genre pour les êtres animés se fait, en français, de trois manières :

I. Par l'emploi de mots différents au masculin et au féminin.

| Masculin. | Féminin. |
|---|---|
| Ex. : Homme, | *femme.* |
| Bélier, | *brebis.* |
| Bouc, | *chèvre.* |

II. Par l'addition d'un *e* muet au masculin.

| Masculin. | Féminin. |
|---|---|
| Ex. : Cousin, ours, | *cousine, ourse.* Etc. |

Quelquefois on double la consonne finale avant d'ajouter l'*e* muet.

| Masculin. | Féminin. |
|---|---|
| Ex. : Paysan, chien, | *paysanne, chienne.* |
| Lion, chat, | *lionne, chatte.* Etc. |

III. Par diverses terminaisons.

| Masculin. | Féminin. |
|---|---|
| Ex. : Danseur, acteur, | *danseuse, actrice.* |
| Gouverneur, tourtereau, | *gouvernante, tourterelle.* |
| Héros, tigre, | *héroïne*[1], *tigresse.* Etc. |

**§ 48.** Quelques noms ont la même forme pour le masculin et le féminin.

Ex. : Auteur, poëte, graveur, philosophe [2].

Si l'on veut désigner le féminin, on place devant ces noms le mot *femme.*

Ex. : Une *femme poëte.* Une *femme auteur.*

**§ 49.** Un même mot sert aussi à désigner les deux genres de certains noms d'animaux.

On emploie tantôt le masculin.

Ex. : *Le rossignol. L'éléphant. Le perroquet. Le pigeon.*

Tantôt le féminin.

Ex. : *La fauvette. La bécasse. La tortue. La girafe.*

**§ 50.** Si l'on veut préciser, on est obligé d'ajouter les mots *mâle* ou *femelle.*

Ex. : L'*éléphant mâle*, l'*éléphant femelle.*

---

1. **Héroïne**, se dit d'une femme courageuse et animée de nobles sentiments.

2. **Philosophe**, celui qui s'applique à l'étude de la sagesse, à la recherche de la vérité.

Choisissez dans la colonne de droite les mots nécessaires pour compléter les phrases suivantes :

**Ex. 148.** Le premier — se nommait Adam; la première — se nommait Ève. Le veau se nourrit du lait de la —, et le chevreau du lait de la —. Le chasseur poursuit dans les bois le — et la —. Le — et la — protégent leurs petits poussins.

Chèvre. — Biche[1]. — Homme. — Coq. — Vache. Cerf. — Femme. Poule.

**Ex. 149.** Le — et la — cherchent leur nourriture dans la basse-cour. Quand on baptise les enfants, on leur donne un — et une —. Un bon fils honore son — et sa —. Le — et la — nagent avec leurs canetons dans les mares.

Père. — Marraine. — Dinde. Canard. — Mère. Parrain. — Cane. Dindon.

**Ex. 150.** Faites une liste des noms masculins et une liste des noms féminins correspondants contenus dans les deux exercices précédents.

### Ex. 151.

Formez le féminin des noms suivants, en y ajoutant un e muet. MODÈLE : *Le cousin, la cousine.*

| | | | |
|---|---|---|---|
| Le cousin | Le Flamand | Le débitant | L'ours |
| Le serin | Le Normand | Le débutant | Le président |
| L'orphelin | Louis | L'infant[3] | Le marchand |
| Le dauphin | Le marquis[2] | Le régent[4] | Le villageois |
| Le voisin | Le rival | L'intendant[5] | Le bourgeois[6]. |

### Ex. 152.

Formez le féminin des noms suivants, en changeant er en ère. MODÈLE : *Le boulanger, la boulangère.*

| | | | |
|---|---|---|---|
| Le boulanger | Le pâtissier | Le cabaretier | Le chiffonnier |
| Le berger | Le chapelier | Le cordonnier | Le prisonnier |
| Le messager | L'écolier | Le cuisinier | Le fripier[7] |
| L'épicier | Le fermier | Le jardinier | L'aventurier[8] |
| Le mercier | L'infirmier | Le meunier | Le bijoutier |

---

1. **Biche,** femelle du cerf.
2. **Marquis,** se disait au moyen âge du seigneur chargé de défendre une *marche* ou frontière d'un royaume.
3. **Infant** (c'est-à-dire l'*enfant par excellence*), titre donné aux héritiers de la couronne d'Espagne ou de Portugal.
4. **Régent :** ce mot désigne ici le prince chargé du gouvernement d'un État pendant la minorité de l'héritier de la couronne.
5. **Intendant,** se dit de celui qui administre les biens d'un propriétaire; s'emploie aussi en parlant de certains fonctionnaires de l'armée.
6. **Bourgeois,** se disait autrefois de l'habitant d'un *bourg* ou d'une ville. Ce mot désigne aujourd'hui plus particulièrement l'homme qui jouit d'une certaine aisance.
7. **Fripier,** marchand de vieux habits.
8. **Aventurier,** coureur d'aventures; ce mot est souvent pris en mauvaise part.

## Ex. 153.

Formez le féminin des noms suivants en doublant la consonne finale avant d'ajouter l'*e* muet. MODÈLE : *Le paysan, la paysanne ; le chat, la chatte.*

| | | | |
|---|---|---|---|
| Le paysan | Le musicien | Le chrétien | L'Alsacien |
| Le chat | Le comédien | Le poulet | Le vigneron |
| Le chien | Le gardien | Le citoyen | Le Bourguignon |
| Le lion | Le baron [2] | Le linot | Le paroissien |
| Le patron [1] | Le larron. | L'Italien | Le païen |

## Ex. 154.

Formez le féminin des noms suivants, en changeant *eur* en *euse*. MODÈLE :
Le dans*eur*, la dans*euse.*

| | | | |
|---|---|---|---|
| Le coiff*eur* | Le taill*eur* | Le chant*eur* | Le gard*eur* |
| Le vendang*eur* [3] | Le veill*eur* | L'achet*eur* | Le voyag*eur* |
| Le jou*eur* | Le blanchiss*eur* | Le glan*eur* [5] | Le revend*eur* [7] |
| Le lou*eur* | Le quêt*eur* [4] | Le moissonn*eur* | Le parfum*eur* [8] |
| Le vol*eur* | Le balay*eur* | Le recél*eur* [6] | Le repass*eur* [9] |

## Ex. 155.

Formez le féminin des noms suivants, en changeant *teur* final en *trice.*
MODÈLE : Le (lec*teur*, la lec*trice.*

| | | | |
|---|---|---|---|
| Le lec*teur* | Le tut*eur* [10] | Le dissipa*teur* | Le specta*teur* |
| Le fonda*teur* | Le débi*teur* [11] | Le spolia*teur* [12] | Le testa*teur* [13] |

**1. Patron,** se dit d'un saint qu'on honore particulièrement ou dont on porte le nom. On a donné aussi ce nom à celui qui commande une embarcation, à un chef ouvrier, etc.

**2. Baron** était le titre donné à l'homme de race libre, et possesseur d'un bien territorial (*fief*).

**3. Vendangeur,** se dit de celui qui fait la cueillette des raisins pour la fabrication du vin.

**4. Quêteur,** se dit de celui qui quête pour quelqu'un. — Ne pas confondre avec le mot *mendiant*, qui n'a pas le même sens.

**5. Glaneur,** celui qui recueille, au moment de la moisson, les épis de blé oubliés par le moissonneur.

**6. Recéleur,** celui qui cache, achète ou retient une chose qu'il sait avoir été volée.

**7. Revendeur.** Revendre, c'est vendre ce qu'on a acheté. Revendeur, celui ou celle qui achète pour revendre.

**8. Parfumeur,** celui qui prépare ou vend des parfums ou cosmétiques.

**9. Repasseur,** celui qui repasse ou aiguise les lames. *Repasseuse* n'a pas le même sens ; il se dit de l'ouvrière qui repasse le linge.

**10. Tuteur,** se dit de la personne chargée par la loi de veiller sur les intérêts d'un mineur, d'un orphelin, etc. — En horticulture, se dit d'une perche placée à côté d'une plante pour la soutenir dans sa croissance.

**11. Débiteur,** celui qui doit ; ne pas confondre avec *débitant*.

**12. Spoliateur,** celui qui dépouille quelqu'un par force, ou par fraude.

**13. Testateur,** celui qui fait un testament. Ce mot vient de *tester*, faire son testament.

| L'acteur [1] | Le bienfaiteur | Le protecteur | Le spéculateur [3] |
| Le protecteur | Le directeur | L'interlocuteur [2] | L'instigateur [4] |
| L'instituteur | L'exécuteur | L'inventeur | L'introducteur |

## Ex. 156.

Formez le féminin des noms suivants, en changeant l'*e* final en *esse*. MODÈLE
Le prince, la princesse.

| Le prince | Le prophète [7] | Le maître | Le nègre |
| Le comte [5] | Le vicomte | Le pauvre | L'ogre [8] |
| L'hôte [6] | Le tigre | Le diable | Le chanoine [9] |
| Le prêtre | L'âne | L'ivrogne | Le mulâtre [10] |

Choisissez, dans la colonne de droite, les mots nécessaires pour compléter les
phrases suivantes :

Ex. 157. Jeanne d'Arc était une— chrétienne. — Le tourtereau est le petit de la —. Une petite fille doit respecter sa —. L'épouse d'un duc se nomme une —. Le bélier a des cornes pour protéger la —. Quand des enfants sont orphelins, on les confie à leur oncle ou à leur —. La — conduit ses petits sangliers [11] dans les bois.

> Gouvernante.
> Tourterelle.
> Héroïne.
> Brebis.
> Tante.
> Duchesse.
> Laie.

## Ex. 158.

Formez, par l'addition des mots *mâle* et *femelle*, le masculin et le féminin des noms suivants. MODÈLE : *L'éléphant mâle, l'éléphant femelle.*

| L'éléphant | La fauvette | Le crocodile | L'hirondelle |
| Le perroquet | La tortue | Le cygne | La souris |

1. **Acteur**, celui qui représente un personnage dans une pièce de théâtre.

2. **Interlocuteur**, se dit de toute personne qui converse, c.-à-d., qui cause, s'entretient avec une autre.

3. **Spéculateur**, se disait autrefois de celui qui observe les astres. Aujourd'hui on l'emploie surtout pour désigner le commerçant qui se livre à des projets hardis dans la réalisation desquels il peut perdre ou gagner beaucoup.

4. **Instigateur**. Ce mot est pris en mauvaise part pour désigner celui qui fait une mauvaise action.

5. **Comte**, titre de noblesse. Les comtes étaient des seigneurs attachés à la cour du roi.

6. **Hôte**, se dit également de celui qui donne l'hospitalité et de celui qui la reçoit.

7. **Prophète**, homme qui prédit l'avenir par inspiration divine. Féminin : prophétesse.

8. **Ogre**, monstre imaginaire que l'on voit dans les contes. S'emploie au figuré, en parlant d'un grand mangeur. Ex. : Quel ogre !

9. **Chanoine**, prêtre plus spécialement attaché à une église cathédrale ou collégiale.

10. **Mulâtre**, né d'un père nègre et d'une mère blanche, ou d'un blanc et d'une négresse.

11. **Sanglier**, porc sauvage. Sa femelle a reçu le nom de *laie*.

| | | | |
|---|---|---|---|
| Le pigeon | Le pinson | L'oie | Le rat |
| La girafe | La panthère | Le moineau | Le chameau |
| La bécasse [1] | L'hyène | La pintade [2] | La cigogne [3] |

### Récapitulation.

L'ENFANT.

Copiez les exercices suivants en tirant un trait sous les noms masculins.

Ex. **159.** Il est si beau, l'enfant, avec son doux sourire,
Sa douce bonne foi [4], sa voix qui veut tout dire,
Ses pleurs vite apaisés,
Laissant errer sa vue étonnée et ravie [5],
Offrant de toutes parts sa jeune âme à la vie,
Et sa bouche aux baisers !

Ex. **160.** Seigneur, préservez-moi, préservez ceux que j'aime,
Frères, parents, amis, et mes ennemis même
Dans le mal triomphants,
De jamais voir, Seigneur, l'été sans fleurs nouvelles,
La cage sans oiseaux, la ruche sans abeilles,
La maison sans enfants !    V. Hugo.

LE ROTI.

Copiez les exercices suivants en tirant un trait sous les noms féminins.

Ex. **161.** Je ne puis me rappeler sans rire qu'un soir, chez mon père, étant condamné pour quelque espièglerie [6] à m'aller coucher sans souper, et passant par la cuisine avec mon triste morceau de pain, je vis et flairai le rôti tournant à la broche. On était autour du feu ; il fallut en passant saluer la compagnie.

Ex. **162.** Quand la ronde fut faite, lorgnant du coin de l'œil ce rôti qui avait si bonne mine et qui sentait si bon, je ne pus m'abstenir de lui faire aussi une révérence, et de lui dire d'un ton piteux [7] : « Adieu, rôti ! » Cette saillie [8] de naïveté parut si plaisante qu'on me fit rester à souper.    J.-J. Rousseau.

---

1. **Bécasse**, oiseau à long bec, gibier très-estimé.

2. **Pintade.** La pintade commune ou poule de Numidie (ancienne province d'Afrique) a le plumage couvert de taches régulières.

3. **Cigogne**, oiseau de passage, d'assez forte taille et muni d'un long bec ; habite volontiers dans le voisinage des hommes.

4. **Bonne foi**, c'est-à-dire sa franchise, sa naïveté.

5. **Ravie**, c'est-à-dire *transportée* d'admiration, d'étonnement, enchantée.

6. **Espièglerie**, petite malice d'enfant.

7. **Piteux**, c'est-à-dire triste, digne de pitié ; vient du mot *pitié*.

8. **Saillie**, désigne ici un mot plaisant qui échappe sans préméditation.

## LA VISITE AU TOIT PATERNEL.

*Copiez les exercices suivants en tirant un trait sous les noms masculins et deux traits sous les noms féminins.*

**Ex. 163.** Quand j'aperçus les bois où j'avais passé les seuls moments heureux de ma vie, je ne pus retenir mes larmes, et il me fut impossible de résister à la tentation de leur dire un dernier adieu. Mon frère aîné avait vendu l'héritage paternel et le nouveau propriétaire ne l'habitait pas. J'arrivai au château par la longue avenue de sapins; je traversai à pied les cours désertes.

**Ex. 164.** Je m'arrêtai à regarder les fenêtres fermées ou demi-brisées, le chardon qui croissait au pied des murs, les feuilles qui jonchaient le seuil des portes, et ce perron[1] solitaire où j'avais vu si souvent mon père et ses fidèles serviteurs. Couvrant un moment mes yeux de mon mouchoir, j'entrai sous le toit de mes ancêtres. Je parcourus les appartements sonores[2] où l'on n'entendait que le bruit de mes pas.

**Ex. 165.** Les chambres étaient à peine éclairées par la faible lumière qui pénétrait entre les volets fermés : je visitai celle où ma mère avait perdu la vie, celle où se retirait mon père, celle où j'avais dormi dans mon berceau. Partout les salles étaient détendues[3], et l'araignée filait sa toile dans les couches[4] abandonnées. Je sortis précipitamment de ces lieux, je m'en éloignai à grands pas, sans oser tourner la tête.

**Ex. 166.** Qu'ils sont doux, mais qu'ils sont rapides, les moments que les frères et les sœurs passent dans leurs jeunes années, réunis sous l'aile[5] de leurs vieux parents! La famille de l'homme n'est que d'un jour : le souffle de Dieu la disperse comme une fumée. A peine le fils connaît-il le père, le père le fils, le frère la sœur, la sœur le frère! Le chêne voit germer ses glands autour de lui; il n'en est pas ainsi des enfants des hommes. CHATEAUBRIAND.

---

1. **Perron**, se dit d'un escalier extérieur, à marches de pierre, avec plate-forme.
2. **Sonores** signifie ici qui a de l'écho, qui renvoie bien le son. L'auteur nous parle d'appartements inhabités.
3. **Détendues**, c'est-à-dire privées des tentures qui les ornaient.
4. **Couches**, c.-à-d. les lits.
5. **Sous l'aile des parents.** Gracieuse image de la famille : les petits sont groupés, comme des *poussins*, sous l'aile de leur mère.

## NOMBRE.

§ **51.** Le *nombre* est la propriété qu'a le nom de désigner l'*unité* ou la *pluralité*.

§ **52.** Il y a, en français, deux nombres : le *singulier* et le *pluriel*.

§ **53.** Le singulier désigne *une seule* personne ou *une seule* chose.

Ex. : *un homme, un livre*.

§ **54.** Le pluriel désigne *plusieurs* personnes ou *plusieurs* choses.

Ex. : *des hommes, des livres*.

### Formation du pluriel dans les noms.

#### Le livre, les livres.

§ **55.** Règle générale. — On forme le pluriel dans les noms *en ajoutant* **s** *au singulier*.

Ex. : un père, des *père***s** ; une sœur, des *sœur***s** ; le livre, les *livre***s** ; la table, les *table***s**.

---

Faites une liste des noms singuliers et une liste des noms pluriels contenus dans chacune des colonnes suivantes :

| Ex. **167.** | Ex. **168.** | Ex. **169.** | Ex. **170.** |
|---|---|---|---|
| Les roses. | Une école. | Les maisons. | Un habit. |
| Un jardin. | Le maître. | La cave. | Des souliers. |
| Des fleurs. | Dix élèves. | Des chaises. | Le pantalon. |
| Un arbre. | Un livre. | Six fauteuils. | Les bottes. |
| Le pommier. | Des plumes. | Une cour. | Six chemises. |
| Les cerises. | Deux cahiers. | Trois pendules. | Une veste. |
| Le soleil. | La table. | Le tapis. | Deux pantoufles. |
| La lune. | Les bancs. | Les meubles. | Les mouchoirs. |
| Des étoiles. | Une carte. | Deux tables. | Le gilet. |
| Les nuages. | Un pupitre. | L'armoire. | Des cravates. |
| Un fleuve. | Trois règles. | Un buffet. | Une redingote. |
| La mer. | Quatre encriers. | Cinq fenêtres. | Dix cols. |
| Des poissons. | L'institutrice. | Une vitre. | La chemise. |
| Dix navires. | L'encre. | Le toit. | Cent aiguilles. |
| Cinq barques. | Dix pages. | Des murs. | La valise. |
| Un matelot. | Une couverture. | Un grenier. | Mille épingles |
| Deux voiles. | Le crayon. | Les cheminées. | Douze serviettes |
| Le rivage. | Les portefeuilles. | Vingt assiettes. | La robe. |
| Du sable. | Deux grammaires. | Une nappe. | Un bonnet. |
| Les rochers. | Du papier. | La soupière. | Une ombrelle. |

## Ex. 171.

Écrivez les noms suivants au pluriel. MODÈLE : *Une porte, des portes.*

Une porte, des...  
Une classe, des...  
La fenêtre, les...  
Une table, des...  
Un banc, des...  
Une image, des...

Le carton, les...  
La règle, les...  
Un crayon, des...  
La plume, les...  
Le cahier, les...  
Le papier, les...

Un banc, des...  
Le pupitre, les...  
L'encrier, les...  
Un devoir, des..  
Une palette, des...  
Un canif, des...

## Ex. 172.

Mettez les noms au singulier. MODÈLE : *Les bêtes, la bête.*

Les bêtes, la...  
Les bœufs, le...  
Des ânes, un...  
Des tigres, un...  
Les chiens, le...  
Les chats, le...

Les vaches, la...  
Des lions, un...  
Des sangliers, un...  
Des oies, une.  
Les canards, le...  
Les lézards, le...

Les rats, le...  
Des pies, une...  
Les dindons, le...  
Des moutons, un...  
Des mouches, une...  
Des araignées, une...

## Ex. 173.

Mettez les noms suivants au pluriel. Modèle : *Un nid, des nids.*

Un nid.  
L'enfant.  
Le chemin.  
Une cave.  
La voiture.  
Un officier.

Le drap.  
Le rosier.  
La fleur.  
Le peuplier.  
La noisette.  
L'œuf.

Le mur.  
Le bâton.  
Le champ.  
La prairie.  
L'arbre.  
La route.

## Ex. 174.

Mettez les noms suivants au singulier. Modèle : *Les meuniers, le meunier.*

Les meuniers.  
Les boulangers.  
Les fumistes.  
Les fermiers.  
Les épiciers.  
Les charbonniers.

Les menuisiers.  
Les médecins.  
Les grainetiers.  
Les perruquiers.  
Les coiffeurs.  
Les cordonniers.

Les laboureurs.  
Les ébénistes.  
Les sabotiers.  
Les tailleurs.  
Les chapeliers.  
Les bijoutiers.

## Ex. 175.

Mettez au singulier les noms pluriels, et mettez au pluriel les noms singuliers.  
MODÈLE : *Les déserts, le désert. — Le pré, les prés.*

Les déserts.  
Les champs.  
Le pré.  
La forêt.  
Les sources.  
L'arbre.

La montagne.  
Les collines.  
Les vallées.  
Les rochers.  
La mer.  
Le fleuve.

La rivière.  
Les nuages.  
La glace.  
Les froids.  
Les chaleurs.  
La pluie.

## LES RICHESSES DE L'EUROPE.

Faites une liste des noms singuliers et une liste des noms pluriels contenus dans chacun des exercices suivants:

**Ex. 176.** Les productions de l'Europe se distinguent surtout par leur utilité. Ses mines de fer et de houille[1] sont certainement les plus abondantes du monde. C'est aussi sur ses côtes que l'on recueille la plus grande quantité de sel. On peut même dire que, sans nos richesses, les mines d'or et d'argent des autres parties du monde n'auraient jamais été forcées de nous livrer leurs trésors.

**Ex. 177.** On trouve des émeraudes[2] et diverses autres pierres précieuses en Bohême et en Saxe[3]. L'opale[4] existe dans les environs de Paris. Le grenat[5], qui fut peut-être l'escarboucle des anciens, abonde dans les Alpes; souvent aussi ses grains sont charriés en grande quantité par l'eau des rivières. Les rubis[6], les agates[7], les améthystes et les cornalines blanches se trouvent en diverses contrées de l'Espagne.

**Ex. 178.** Au pied des Pyrénées s'étendent des plaines où l'olivier et l'oranger ne croissent qu'à force de soins, mais où abondent les pommiers. La vigne couvre les collines voisines de la Gironde. De la Loire aux bords de la Manche, le melon prospère presque sans culture. Partout s'étendent d'immenses forêts où le frêne, l'aune, le peuplier, le chêne, le hêtre et le tilleul mêlent au sombre feuillage des sapins leur verdoyante et riche parure.

**Ex. 179.** Les aigles[8], les milans[9] et les vautours habitent les montagnes boisées et les grandes forêts. Le faucon[10], la chouette et le merle restent toute l'année dans le domicile qu'ils se sont

---

1. **Houille**, charbon de terre.
2. **Emeraude.** Pierre précieuse : la plus recherchée est celle qui vient du Pérou ; elle est d'une belle couleur verdoyante.
3. **Bohême**, contrée de l'empire d'Autriche.—Saxe, un des royaumes de l'Allemagne.
4. **Opale**, pierre précieuse de couleur laiteuse et à reflets changeants.
5. **Grenat**, pierre précieuse, qui est d'un rouge semblable aux grains de la grenade.
6. **Rubis**, pierre précieuse qui est transparente et d'un rouge vif.
7. **Agate**, substance minérale demi-transparente. Il y a des agates de toutes les couleurs. Les agates rouges portent le nom de *cornalines;* les pierres violettes sont appelées *améthystes.*
8. **Aigle**, le plus fort des oiseaux de proie, ou *carnassiers.* Ses petits se nomment *aiglons.*
9. **Milan**, oiseau de proie beaucoup plus faible et moins courageux que l'aigle.
10. **Faucon**, oiseau de proie que l'on dresse pour la chasse.

choisi, tandis que les hirondelles, les huppes [1], les coucous et les loriots [2] vont chercher au midi une température plus douce. Le dindon, la poule, l'oie et le canard vivent à l'état domestique. Enfin, les perdrix, les bécasses, les cailles, les merles et les grives exercent l'adresse des chasseurs.

**Ex. 180.** Les poissons des mers d'Europe sont très-variés et ont la chair très-délicate. Tous les enfants connaissent les turbots, les soles, les raies, les harengs et les sardines. Dans les rivières se pêchent les brochets, les carpes, les aloses [3], les truites, les saumons et les anguilles. Les huîtres, les crabes [4] et les crevettes [5] fournissent des aliments très-recherchés. Les ablettes, à l'écaille nacrée [6], donnent la matière des fausses perles.

**Ex. 181.** Mettez au singulier les noms qui sont au pluriel dans chacun des cinq exercices précédents. Modèle : *Les richesses, la richesse.*

### LE BŒUF.

Écrivez au singulier et au pluriel chacun des noms contenus dans l'exercice suivant : Le bœuf, les bœufs.—Les hommes, l'homme.

**Ex. 182.** Le bœuf est pour l'homme d'une plus grande utilité que l'âne. Il nous sert et nous nourrit tout à la fois. C'est sur lui que roulent [7] tous les ouvrages de la campagne; il est le domestique le plus utile de la ferme, le soutien du ménage champêtre; il fait toute la force de l'agriculture. Autrefois il formait toute la richesse des hommes, et aujourd'hui il est encore la base [8] de la richesse des États, qui ne peuvent se soutenir et fleurir [9] que par la culture des terres et par l'abondance des moutons et des bœufs, puisque ce sont les seuls biens véritables. BUFFON.

1. **Huppe**, oiseau de la grosseur d'un merle, qui a une petite touffe sur la tête.
2. **Loriot**, oiseau aux ailes noires, dont le ventre est jaune.
3. **Alose**, poisson de mer, qui remonte assez souvent le courant des fleuves.
4. **Crabes**, animaux de la classe des crustacés (c'est-à-dire recouverts d'écailles).
5. **Crevettes.** La crevette, petite écrevisse de mer, est encore appelée *chevrette* ou *salicoque*.
6. **A l'écaille nacrée.** On se sert en effet de l'écaille des ablettes pour la préparation des fausses perles.
7. **Roulent.** Rouler est employé ici au figuré. L'auteur veut dire que le travail d'une ferme roule sur les services que rend le bœuf: avec lui on laboure, on engraisse les terres, etc.
8. **La base** : ce mot signifie *fondement, appui.* L'agriculture est le fondement de la richesse des États; rien ne remplace le pain et la viande.
9. **Fleurir**, employé au figuré signifie « être dans un état de prospérité. » On dit alors *je florissais, j'étais florissant.*

### LE RENNE[1].

Copiez les exercices suivants en tirant un trait sous les noms qui sont au
singulier.

**Ex. 183.** Les Lapons[2] mettent en usage toute les parties du
renne. La peau leur sert pour se garantir des injures[3] de l'air.
Sa chair est pleine de suc, grasse, et extrêmement nourrissante,
et les Lapons ne mangent point d'autre viande. Les os leur sont
d'une utilité merveilleuse pour faire des arbalètes et des arcs,
pour armer leurs flèches, pour faire des cuillers et pour orner
tous les ouvrages qu'ils veulent faire.

**Ex. 184.** La langue et la moelle des os est ce qu'ils ont de
plus délicat. Ils boivent souvent le sang; mais ils le conservent
plus ordinairement dans la vessie de l'animal, et le laissent
condenser[4]; et lorsqu'ils veulent faire du potage, ils en cou-
pent ce dont ils ont besoin, et le font bouillir. Ils n'ont point
d'autres fils que ceux qu'ils tirent des nerfs.

**Ex. 185.** Ils se servent des plus fins pour faire leurs habits,
et des plus gros pour coudre ensemble les planches de leurs
barques. Ces animaux leur donnent aussi de quoi boire. Le lait
de renne est le seul breuvage qu'ils aient. Ils en font des fro-
mages très-nourrissants, et les pauvres gens qui n'ont pas le
moyen de tuer leurs rennes pour manger, ne se servent point
d'autre nourriture.                                        REGNARD.

### LE LION ET LE RAT.

Copiez le morceau suivant, en tirant un trait sous les noms au pluriel.

**Ex. 186.** Il faut, autant qu'on peut, obliger tout le monde :
    On a souvent besoin d'un plus petit que soi.
    De cette vérité deux fables feront foi[5],
        Tant la chose en preuves abonde.

      Entre les pattes d'un lion
    Un rat sortit de terre assez à l'étourdie[6].
    Le roi des animaux, en cette occasion,
    Montra ce qu'il était[7], et lui donna la vie.

---

1. **Le renne** est une espèce de
cerf qui habite les contrées bo-
réales.

2. **Les Lapons,** habitants de la
Laponie, au nord de l'Europe.

3. **Des injures de l'air,** c'est-à-
dire de la pluie, des neiges, etc.

4. Se coaguler comme du fromage.

5. **Feront foi**, c'est-à-dire dé-
montreront, prouveront la vérité de
ce que j'avance.

6. **A l'étourdie,** c'est-à-dire étour-
diment, sans réflexion.

7. **Montra ce qu'il était,** c'est-à-
dire montra qu'il avait le naturel
généreux qui convient à un roi.

**Ex. 187.**
Ce bienfait ne fut pas perdu.
Quelqu'un aurait-il jamais cru
Qu'un lion d'un rat eût affaire [1] ?
Cependant il advint [2] qu'au sortir des forêts
Ce lion fut pris dans des rets [3],
Dont ses rugissements ne le purent défaire.
Sire [4] rat accourut, et fit tant par ses dents
Qu'une maille rongée emporta [5] tout l'ouvrage.

Patience et longueur de temps
Font plus que force ni que rage.   LA FONTAINE.

### UTILITÉ DES FORÊTS.

Copiez les exercices suivants, en tirant un trait sous les noms singuliers, et deux traits sous les noms pluriels.

**Ex. 188.** Le mélèze, l'orme, le charme, le noyer, le merisier, le tilleul, le frêne, l'aulne, le peuplier, le saule, et parmi les arbres d'origine étrangère, l'acacia, ajoutent à la variété [6] de nos forêts. Il est impossible d'énumérer [7] les profits de tout genre qu'on en retire, indépendamment [8] de leur bois. Ici, les feuilles vertes servent à la nourriture des bœufs et des moutons; là, les feuilles sèches sont recueillies avec soin, comme en Alsace [9], pour l'amendement [10] de la terre.

**Ex. 189.** Le fruit du merisier donne le kirsch [11], la fleur de tilleul est recherchée en médecine. Une foule de plantes utiles naissent sous leur ombrage. Parmi les arbustes, le genévrier produit une liqueur [12]; le fusain [13] sert dans les arts ; les plus flexi-

---

1. **Eût affaire,** c'est-à-dire eût besoin.

2. **Il advint,** c'est-à-dire il arriva...

3. **Rets,** filets à mailles dont on se sert pour prendre les bêtes fauves, les sangliers, par exemple.

4. **Sire rat...** La Fontaine est un conteur familier : il donne volontiers à ses héros des titres qu'on ne donne qu'aux hommes.

5. **Emporta,** c'est-à-dire enleva, arracha, détruisit tout l'ouvrage.

6. **La variété...** C'est-à-dire ajoutent à la variété du paysage qu'offrent nos forêts.

7. **Énumérer,** exposer en détail.

8. C.-à-d., sans compter...

9. **Alsace,** ancienne province de France.

10. **Amendement,** amender un sol, c'est y ajouter des engrais qui le fertilisent.

11. **Le kirsch** est une liqueur spiritueuse faite avec les merises.

12. **Une liqueur :** avec les baies du genévrier, on fabrique une liqueur fortement aromatique, le genièvre.

13. **Le fusain** est un arbrisseau de nos contrées : avec ses branches on fait un charbon très-utile dans les arts du dessin.

bles[1] sont employés par la vannerie; le plus humble[2] de tous, qui aime à se cacher au plus obscur des fourrés, la bourdaine, sert à la fabrication d'une matière qui a aujourd'hui beaucoup trop de débit, la poudre à canon.

### LE PERSIL ET LA CIGUE.

Écrivez au pluriel les noms qui sont au singulier, et écrivez au singulier les noms qui sont au pluriel dans les exercices suivants :
Modèle : *L'enfant, les enfants. — La mère, les mères.*

**Ex. 190.** « Pourquoi donc, demandait un jeune enfant à sa mère, ce pied de ciguë[3], qui croît au milieu du persil, qui, par sa forme et sa couleur, se confond avec cette plante si saine, qui va puiser aux mêmes sources la séve dont il se nourrit, contient-il un poison capable de glacer le sang dans nos veines et de nous donner la mort?

**Ex. 191.** — C'est, répondit la mère, afin de nous apprendre que les êtres malfaisants sont habiles à corrompre des substances dont ils font leur nourriture, et savent transformer en poisons pernicieux jusqu'aux aliments les plus salutaires.

**Ex. 192.** — Et vous prétendez que ces plantes sont tellement semblables, qu'il est impossible de les distinguer autrement que par l'odeur ou par le goût? — Oui, mon fils; et cette particularité[4] nous offre une nouvelle leçon : c'est qu'il ne faut juger les hommes que par leurs qualités et par leurs actions, et non sur leurs avantages extérieurs. »　　　　　　BOULANGER.

### LA VIE DES HOMMES.

#### Même exercice.

**Ex. 193.** Un père se promenait avec ses enfants dans un beau jardin, planté d'arbres fruitiers et de plantes odoriférantes[5]. Un jardinier diligent[6] prenait le plus grand soin de ces fleurs et de ces arbres; il les taillait, il les arrosait, il arrachait de la terre les mauvaises herbes[7], et la préparait ainsi à recevoir les bénédictions du [ciel]. Le père dit à ses enfants : « La vie de l'homme est semblable à un jardin. Ces pommiers, ces poiriers couverts

---

1. **Flexibles**, qui se plient facilement.

2. **Le plus humble**, c'est-à-dire celui qui a le moins d'élévation.

3. **Ciguë.** Cette plante, qui est un poison très-violent, peut être aisément confondue avec le persil.

4. **Particularité**, détail, circonstance particulière.

5. **Odoriférant.** Vient de deux mots latins qui signifient : *qui porte odeur*. Odoriférant est toujours pris en bonne part et veut dire : qui répand une bonne odeur.

6. **Diligent**, c'est-à-dire soigneux, actif.

7. **Mauvaises herbes**, c'est-à-dire herbes folles, herbes inutiles ou nuisibles.

de fruits savoureux[1], sont l'image de nos bonnes œuvres. Le jardinier qui les plante et les arrose, c'est la bonne volonté des hommes.

### Exercices de lecture et de rédaction.

Lisez attentivement les deux morceaux suivants, et reproduisez chaque exercice : 1° de vive voix ; 2° par écrit.

#### LES VIOLETTES.

Ex. **194.** Un jeune enfant croyait qu'il n'y avait que des violettes bleues. Un jour, il en trouva dans le jardin quelques-unes qui étaient blanches comme la neige, et d'autres qui, brillant aux rayons du soleil du matin, étaient rouges comme la lumière de cet astre. Il en cueillit une de chaque couleur, et les porta plein de joie à sa mère. Celle-ci lui dit :

Ex. **195.** « Ces trois sortes de violettes ne sont pas si rares que tu le penses ; cependant, ta découverte te sera profitable, si tu n'oublies pas de quelles vertus ces fleurs sont les emblèmes[2]. La violette dont la couleur est d'un bleu tout simple, est une image de la modestie et de l'humilité ; quant à la violette blanche, qu'elle soit pour toi le symbole de l'innocence et de la douceur ; enfin, la rouge te dit : Aie toujours dans le cœur un ardent amour pour la vérité et la vertu. »

#### LES OISEAUX DE MER.

Ex. **196.** Tous les accidents des mers, le flux[3] et le reflux, le calme et l'orage, sont prédits par les oiseaux. La mauve[4] descend sur le rivage, retire son cou dans sa plume, cache une patte dans son duvet, et, immobile sur l'autre, avertit le pêcheur de l'instant où la vague se lève[5]. L'alouette marine, qui court le long du flot en poussant un cri doux et triste, annonce au contraire le moment du reflux.

Ex. **197.** D'autres oiseaux s'établissent au milieu de l'Océan : compagnons des mariniers, ils suivent la course des navires et annoncent la tempête. Aussi le matelot leur donne-t-il religieusement[6] l'hospitalité, de même que le laboureur reçoit sous son toit de chaume[7], pendant les rigueurs de l'hiver, le rouge-gorge qui lui prédit les beaux jours. CHATEAUBRIAND.

1. **Savoureux**, qui a une saveur agréable.

2. **L'emblème**, c'est-à-dire l'image, la figure symbolique qui fait penser à une personne ou à une chose. Ex.: Le lis est l'emblème de la pureté.

3. **Flux.** Le *flux* (flot ou *marée haute*) est un mouvement réglé que fait la mer vers le rivage. Le mouvement contraire prend le nom de *reflux* ou *marée basse*. Il y a deux flux et deux reflux en vingt-quatre heures.

4. **Mauve.** Les *mauves* sont des oiseaux voraces et criards aux ailes couleur de mauve, qui vivent dans le voisinage de la mer.

5. C'est alors le flux.

6. **Religieusement**, scrupuleusement, avec religion, avec respect.

7. **Chaume**, tige du blé ; paille dont on couvre les chaumières.

**Le clou, les clous.**

**§ 56.** Les noms en *ou* prennent un **s** au pluriel : un *sou*, des *sous* ; un *clou*, des *clous*.

**Le bal, les bals.**

**§ 57.** Les quatre noms *bal, carnaval, chacal, régal* font au pluriel des *bals*, des *carnavals*, des *chacals*, des *régals*.

**Le portail, les portails.**

**§ 58.** Les noms en **ail** prennent ordinairement un **s** au pluriel : un *portail*, des *portails* ; un *éventail*, des *éventails*.

---

## Ex. 198.

Écrivez au singulier et au pluriel les noms contenus dans chaque colonne.
Ex. : le clou, les clous ; un sou ; des sous.

| 1 | 2 | 3 | 4 |
|---|---|---|---|
| Le clou | Un fou | L'écrou [5] | Un cou |
| Le sou | Un licou | Le coucou | Un glouglou [9] |
| Le trou | Un verrou | Le brou [6] | Un filou |
| Le bambou [1] | Un Indou [3] | L'acajou [7] | Un Andalou [10] |
| L'amadou [2] | Un sapajou [4] | Un matou [8] | Un loup-garou [11] |

**Invention.** — Choisissez, dans la colonne 1, les mots nécessaires pour compléter les phrases suivantes :

**Ex. 199.** Le menuisier fixe les planches avec des —. On fait de belles cannes avec les —. Il est très-facile d'enflammer l'—. Dix centimes font deux —. Les taupes [12] recouvrent leurs — de petits monticules.

---

1. **Bambou**, espèce de roseau de l'Inde : on fait avec son bois des ustensiles, des meubles, des cannes.

2. **Amadou.** C'est une substance provenant d'un champignon qui croît sur le chêne : préparée convenablement, elle prend aisément feu. L'amadou sert aussi en chirurgie.

3. **Indou** ou plutôt *Hindou*, habitant de l'Hindoustan, vaste contrée de l'Asie méridionale.

4. **Sapajou**, petit singe d'Amérique.

5. **Écrou**, se dit habituellement du trou fileté en spirale et par lequel passe une vis.

6. **Brou** : écale verte de la noix.

7. **Acajou**, bel arbre d'Amérique; son bois est fort estimé dans l'ébénisterie.

8. **Matou**, gros chat.

9. **Glouglou**, bruit que fait le liquide en s'échappant du goulot d'une bouteille.

10. **Andalou**, habitant de l'Andalousie (Espagne).

11. **Loup-garou**, c.-à-d. *homme-loup*. Au XVIe siècle, le peuple se figurait que des sorciers habillés en loups parcouraient les campagnes durant la nuit : de là le mot *loup-garou*.

12. **Taupe**, petit quadrupède qui vit sous terre. — **Monticule** (*tout petit mont*), petit tas de terre.

Choisissez, dans la colonne 2, les mots nécessaires pour compléter les phrases suivantes :

**Ex. 200.** Pour punir les enfants désobéissants, on les met sous les —. Nous attachons les chevaux avec des —. Les — sont de petits singes d'Amérique. Les — sont les habitants de l'Inde. On appelait autrefois *Petites-Maisons*, les établissements où l'on enfermait les —.

Choisissez, dans la colonne 3, les mots nécessaires pour compléter les phrases suivantes :

**Ex. 201.** On fait avec de l'eau-de-vie et des — de noix, une liqueur salutaire. Les — sont des arbres dont on fait de beaux meubles. On appelle — des trous percés en spirale[1], et dans lesquels entrent les vis. Les — sont des oiseaux qui tirent leur nom de leur chant monotone[2]. Les gros chats se nomment des —.

Choisissez, dans la colonne 4, les mots nécessaires pour compléter les phrases suivantes :

**Ex. 202.** Les voleurs adroits sont des —. La bouteille fait entendre des — quand on la vide brusquement. L'Andalousie est la patrie des —. Les jougs[3] se placent sur les — des bœufs. Il y a encore des contrées où l'on a peur des sorciers et des loups —.

### Ex. 203.

Mettez au pluriel les noms suivants. MODÈLE : *Le bal, les bals.*

| | | | |
|---|---|---|---|
| Le bal. | Le mail[4]. | Le détail. | Le chacal[7]. |
| Le carnaval. | Le camail[5]. | L'éventail. | Le sérail[8]. |
| Le régal. | Le gouvernail. | Le portail. | L'épouvantail. |
| L'ail. | Le rail. | Le ventail[6]. | Le tramail[9]. |
| Le bercail. | L'attirail. | Le poitrail. | Le bétail[10]. |

---

**1. Spirale.** La spirale est une ligne courbe tournant autour de son centre, mais en s'écartant de plus en plus.

**2. Monotone,** *qui n'a qu'un seul ton,* toujours *le même.*

**3. Joug,** la pièce de bois que l'on fixe sur le front des bœufs et aux extrémités de laquelle s'attachent les traits.

**4. Mail,** espèce de maillet pour jouer aux boules; ce mot désigne aussi l'endroit où l'on se livre à ce jeu. Le mot *mail* désigne encore le maillet ou marteau des carriers.

**5. Camail :** c'est le petit manteau ou collet que portent les évêques et les chanoines.

**6. Ventail :** c'était chez nos ancêtres la partie inférieure de l'ouverture du *heaume* ou casque de guerre. — *Vantail,* battant de porte.

**7. Chacal,** espèce de chien sauvage, qui déterre les cadavres. On le rencontre en Asie et en Afrique.

**8. Sérail :** c'est le nom donné par les Musulmans à la partie du palais impérial affectée au logement des sultanes.

**9. Tramail.** Le tramail est un filet de pêche à trois mailles.

**10. Bétail** fait au plur. *bestiaux.*

**Invention.** — Choisissez un mot dans chacune des colonnes de l'exercice 203, et complétez les phrases suivantes :

**Ex. 204.** Ceux qui brillent dans les — ne se distinguent pas toujours dans les travaux sérieux. Pour garantir les moutons contre les attaques des loups, on les enferme dans des —. Les — et les oignons entrent pour une large part dans la nourriture des paysans de la Provence [1]. On voyait autrefois beaucoup de masques pendant les —. Tous les repas sont des — quand on a bon appétit.

**Ex. 205.** On appelle — de longs maillets dont on se sert pour jouer aux boules. Les locomotives entraînent les wagons en glissant sur les —. Après une tempête, on voit flotter sur l'eau des mâts, des cordages [2] et des — brisés. Les — sont des vêtements dont les ecclésiastiques se couvrent la tête. — Les agriculteurs doivent entretenir avec soin tous les — de la ferme.

**Ex. 206.** Les grands esprits ne s'occupent pas volontiers des —. Les harnais ne doivent point écorcher les — des chevaux. Les — de Notre-Dame [3] sont ornés de belles statues. Les — sont des instruments dont on se sert pour s'éventer quand il fait chaud. Nos aïeux appelaient -- les parties inférieures de leurs casques.

**Ex. 207.** Les loups-garous sont des — dont il est ridicule de menacer les enfants. Les souverains orientaux passent leur vie enfermés dans des palais qu'on appelle—. Les bœufs et les vaches sont ce qu'on appelle le -- *ou les* —. Des filets à trois mailles pour prendre le poisson se nomment des —. En Afrique, le repos de la nuit est souvent troublé par les cris des —.

### Exercices de récapitulation.
#### LA FÊTE DES ROGATIONS [4] A LA CAMPAGNE.

Copiez et mettez au pluriel, *s'il y a lieu*, les noms placés entre parenthèses.

**Ex. 208.** Les (*cloche*) du hameau se font entendre ; les villageois quittent leurs (*chaumière*) ; les (*vigneron*) descendent des (*colline*) ; les (*laboureur*) accourent des (*plaine*) ; les (*bûcheron*) sortent des (*forêt*) ; les (*mère*), fermant leurs (*cabane*), arrivent

---

1. Province du sud de la France.
2. Cordages, vient du mot *corde*. On appelle cordages les cordes qui servent au gréement et à la manœuvre des navires

3. Notre-Dame : il s'agit ici de l'église métropolitaine de Paris.
4. Rogations. Les Rogations sont des prières adressées à Dieu pour les biens de la terre.

avec leurs (*enfant*), et les jeunes (*fille*) laissent leurs (*chèvre*) et les (*fontaine*), pour assister à la fête. On s'assemble dans le cimetière de la paroisse, sur les (*tombe*) verdoyantes des (*ancêtre*).

**Ex. 209.** Bientôt on voit paraître tout le (*clergé*) destiné à la cérémonie : c'est un vieux (*pasteur*) qui n'est connu que sous le nom de curé. L'apôtre de l'Evangile [1], revêtu d'un simple surplis [2], assemble ses (*ouaille* [3]) devant la grande (*porte*) de l'église; il leur fait un discours, fort beau sans doute, à en juger par les (*larme*) des (*assistant*). On lui entend souvent répéter : « Mes (*enfant*), mes chers (*enfant*)! » et c'est là tout le secret [4] de son éloquence.

**Ex. 210.** Après l'exhortation [5], l'(*assemblée*) commence à marcher en chantant. L'étendard [6] des (*saint*) ouvre la (*carrière*) au troupeau, qui suit pêle-mêle le pasteur. On entre dans des (*chemin*) ombragés; on franchit de hautes (*barrière*); on voyage le long d'une (*haie*) d'aubépine [7] où bourdonnent les (*abeille*) et où sifflent les (*bouvreuil*) et les (*merle*). Les (*arbre*) sont couverts de leurs (*fleur*) ou parés d'un naissant (*feuillage*).

**Ex. 211.** Les (*bosquet*), les (*vallon*), les (*rivière*), les (*rocher*), entendent tour à tour les (*hymne*) des (*laboureur*). La procession rentre enfin au hameau. Chacun retourne à son (*ouvrage*) : la Religion n'a pas voulu que le (*jour*) où l'on demande à Dieu les (*bien*) de la (*terre*) fût un jour d'oisiveté. Avec quelle (*espérance*) on enfonce le (*soc* [8]) dans les (*sillon*), après avoir imploré celui qui dirige le (*soleil*) et qui garde dans ses (*trésor* [9]) les (*vent*) du midi et les tièdes (*ondée*)! CHATEAUBRIAND.

### PRÉVOYANCE DES FOURMIS.

Mettez au pluriel, *s'il y a lieu*, les noms placés entre parenthèses.

**Ex. 212.** Ces petits (*insecte*) sont avertis que les (*hiver*) sont

1. **Evangile**, nom qu'on donne aux quatre livres qui renferment la vie et la doctrine de Jésus.

2. **Surplis**, tunique blanche à ailes plissées que les prêtres portent par-dessus la soutane.

3. **Ouaille** a le même sens que paroissien. Le prêtre veille sur ses ouailles, comme le berger sur ses brebis.

4. **Secret**, signifie ici art, habileté, moyen particulier à un seul.

5. **Exhortation**, discours pieux, bons conseils adressés par le curé à ses ouailles.

6. **Etendard**, signifie ici la bannière portant l'image de la Vierge ou des saints sous l'invocation desquels est placée l'église du village.

7. **Aubépine**, c'est-à-dire *épine blanche*. Arbuste qui fleurit au mois de mai et produit de petites fleurs blanches.

8. **Soc**, fer de charrue, pointu et tranchant, pour ouvrir la terre.

9. Les pluies (ondées) fécondent la terre, et ressemblent à un trésor dont Dieu a la garde.

longs, et que les (*blé*) mûrs ne sont pas longtemps exposés dans les (*champ*). Aussi, durant les (*moisson*), les (*fourmi*) ne dorment plus. Elles traînent, avec de petites (*serre*) qu'elles ont à la (*tête*), des (*grain*) qui pèsent trois fois plus qu'elles, et elles avancent comme elles peuvent, à reculons. Quelquefois elles trouvent en (*chemin*) quelques (*amie*) qui leur prêtent secours, mais elles ne s'y attendent pas.

Ex. 213. Les (*grenier*) où tout doit être porté, sont publics [1], et aucune ne pense à faire ses (*provision*) à part. Ces (*grenier*) sont composés de plusieurs (*chambre*), qui s'entre-communiquent par des (*galerie* [2]), et qui sont toutes creusées si avant, que les (*pluie*) et les (*neige*) de l'(*hiver*) ne pénètrent point jusqu'à leurs (*voûte* [3]). Les (*souterrain*) des (*citadelle* [4]) sont des (*invention*) moins anciennes et moins parfaites; et ceux qui ont essayé de détruire des (*fourmilière*), n'y ont presque jamais réussi.

Ex. 214. Les (*galerie*) s'en étendent trop au large pour qu'elles se sentent des (*ravage*) qu'on fait à l'(*entrée*). Lorsque les (*grenier*) sont pleins et que les mauvais (*jour*) approchent, on commence à mettre en sûreté les (*grain*) en les rongeant par les deux (*bout*), pour les empêcher de germer [5]. Voilà cette (*espèce*) d'intelligence que Dieu a donnée à ces petits (*insecte*), comme pour forcer les (*homme*) à remonter jusqu'à lui, à qui seul il appartient de faire de tels (*prodige* [6]).  DUGUET.

### LE MOINEAU.

Mettez au pluriel, *s'il y a lieu*, les noms placés entre parenthèses.

Ex. 215. Dans quelques (*contrée* [7]) que le moineau habite, on ne le trouve jamais dans les (*endroit*) déserts, ni même dans ceux qui sont éloignés du (*séjour*) des (*homme*); les moineaux sont, comme les (*rat*), attachés à nos (*habitation*); ils ne se plaisent ni dans les (*bosquet*) ni dans les vastes (*campagne*) : on a même remarqué qu'il y en a plus dans les (*ville*) que dans les (*village*), et qu'on n'en voit pas dans les hameaux et dans les (*ferme*) qui sont au milieu des (*forêt*).

---

1. **Publio**, qui appartient à la nation entière.
2. **Galerie.** Une galerie est une pièce longue qui fait communiquer entre elles deux parties d'un bâtiment.
3. **Voûtes**, ouvrage de maçonnerie en forme d'arc.
4. **Citadelle**, forteresse qui protège une ville.
5. **Germer**, commencer à pousser.
6. **Prodige**, effet surprenant qui arrive contre le cours ordinaire des choses; ici, chose étonnante.
7. **Contrée**, vaste étendue de terre.

**Ex. 216.** Ils suivent la (société) pour vivre à ses dépens ; comme ils sont paresseux et gourmands, c'est sur des (provision) toutes faites, c'est-à-dire sur les (bien) d'autrui, qu'ils prennent leurs (subsistance). Nos (grange) et nos (grenier), nos basses-(cour), nos (colombier), tous les lieux, en un mot, où nous rassemblons ou distribuons des (grain), sont les (endroit) qu'ils fréquentent de préférence. Comme ils sont aussi voraces que nombreux, ils ne laissent pas de faire plus de (dommage) que leur (espèce) ne vaut.

**Ex. 217.** Leurs (plume) ne servent à rien, leur (chair) n'est pas bonne à manger, leurs (cri) blessent les (oreille), et leurs (familiarité[1]) sont incommodes : ce sont de ces (être) que l'on trouve partout et dont on n'a que faire, si propres à donner de l'(humeur[2]) que dans certains (endroit) on a mis à prix[3] leur (vie). Quoiqu'ils nourrissent leurs (petit) d'(insecte) dans les premières (année), et qu'ils en mangent eux-mêmes en assez grande quantité, leurs principaux (aliment) sont nos meilleurs (grain).

**Ex. 218.** Ils suivent les (laboureur) dans le temps des (semaille), les (moissonneur) pendant celui des (récolte), les (batteur) dans les (grange), les (fermière) lorsqu'elles jettent les (grain) à leurs (volaille) dans la basse-(cour). Ils cherchent leur nourriture dans les (colombier) et jusque dans les (jabot[4]) des jeunes (pigeon) qu'ils percent pour l'en tirer ; ils mangent aussi les (mouche) à miel, et détruisent ainsi de préférence les seuls (insecte) qui nous soient utiles ; enfin ils sont si malfaisants, si incommodes, qu'il serait à désirer qu'on trouvât quelque (moyen) de détruire ces ennuyeux (parasite[5]).

### QUESTIONNAIRE.

Comment forme-t-on ordinairement le pluriel des noms terminés en *ou ?* Comment forme-t-on le pluriel de noms *bal, carnaval, chacal, régal?* Comment forme-t-on ordinairement le pluriel des noms en *ail?*

---

**1. Familiarité** signifie ici absence de toute gêne, importunités, manières familières.

**2. De l'humeur**, a ici le sens de mécontentement.

**3. On a mis à prix leur vie**, c'est-à-dire on a promis une récompense à ceux qui les détruiraient.

**4. Jabot.** Le jabot est une espèce de poche que les oiseaux ont sous la gorge : leurs aliments y séjournent quelque temps avant de descendre dans l'estomac.

**5. Parasite**, se dit de celui qui cherche à se faire nourrir par les autres ou qui vit à leurs dépens.

# CHAPITRE II.

### L'ADJECTIF.

§ **59**. L'*adjectif* est un mot qui sert à *qualifier* ou à *déterminer* les personnes et les choses.

§ **60**. De là, *deux classes* d'adjectifs :
Les adjectifs *qualificatifs* et les adjectifs *déterminatifs*.

### Adjectifs qualificatifs.

§ **61**. Les adjectifs *qualificatifs* sont ceux qui servent à exprimer les *qualités* des personnes ou des choses.

Ex. : **bon** père, **beau** jardin, table **ronde**. Ces mots *bon, beau, ronde* sont des adjectifs.

§ **62**. On reconnaît qu'un mot est adjectif quand on peut y joindre le mot *personne* ou *chose*. Ainsi, *habile, agréable* sont des adjectifs, parce qu'on peut dire : *personne habile, chose agréable.*

---

Copiez les exercices suivants en tirant un trait sous les adjectifs.

#### Ex. 219.

| | | |
|---|---|---|
| L'âne patient. | La jolie souris. | Le malin singe. |
| La vilaine araignée. | L'affreux serpent. | Le doux pigeon. |
| La lente tortue. | La douce hirondelle. | Le mulet têtu [2]. |
| Le rat rongeur. | Le loup cruel. | L'énorme éléphant. |
| Le fin renard. | La mouche importune. | La diligente [3] abeille. |
| L'étoile brillante. | L'ours blanc. | La fourmi active. |
| Le fruit âcre [1]. | Le ruban gris. | La campagne fertile. |

#### Ex. 220.

| | | |
|---|---|---|
| Le cygne blanc. | Le petit lapin. | La mauvaise pensée. |
| L'oie grasse. | La belle maison. | Le caractère jaloux. |
| Le tigre cruel. | Le bon chrétien. | Le coq vigilant [5]. |
| La légère gazelle [4]. | La grande cour. | Le cheveu noir. |
| La pie bavarde. | L'enfant pieux. | Le maître savant. |
| Le chien fidèle. | La fable amusante. | L'élève docile [6]. |

---

1. Acre, qui est piquant au goût.
2. Têtu, c'est-à-dire opiniâtre, obstiné, entêté.
3. Diligente, active et soigneuse.
4. Gazelle, quadrupède de l'Afri-que, très-léger et très-gracieux.
5. Vigilant, qui veille et nous éveille de bonne heure.
6. Docile, qui se laisse facilement diriger et instruire.

## Ex. 221.

| | | |
|---|---|---|
| Le digne curé. | La grosse poutre. | Le chien fidèle. |
| Le brave soldat. | La bonne saison. | La bonne sœur. |
| La pêche savoureuse. | Le gros épi. | Le gros chêne. |
| Le hibou solitaire. | Le petit oiseau. | Le vieux bûcheron. |
| Le patient laboureur. | Le corbeau noir. | La sainte église. |
| Le riche fermier. | Le chat gourmand. | Le beau sermon |

## Ex. 222.

| | | |
|---|---|---|
| Le puits profond. | Le grand arbre. | Le travail difficile. |
| Le crayon noir. | Le chapeau rond. | Le tapis vert. |
| Le petit pied. | La robe longue. | La perle fine. |
| La blanche main. | Le cher ami. | Le jeune enfant. |
| La saison froide. | Le livre neuf. | La rue large. |
| La bonne récolte. | Le cahier propre. | La pieuse prière. |

### L'ÉCOLIER, L'ABEILLE ET L'HIRONDELLE.

Copiez les exercices suivants et tirez un trait sous les noms, et deux traits sous les adjectifs.

**Ex. 223.** Un tout petit enfant s'en allait à l'école ;
On avait dit : allez !...... il tâchait d'obéir ;
Mais son livre était lourd ; il ne pouvait courir.
Il pleure et suit des yeux une abeille qui vole.

« Abeille, lui dit-il, voulez-vous me parler ?
Moi, je vais à l'école ; il faut apprendre à lire ;
Mais le maître est tout noir et je n'ose pas rire !
Voulez-vous rire, abeille, et m'apprendre à voler ?

**Ex. 224.** — Non, dit-elle, j'arrive et je suis très-pressée,
J'avais froid ; l'aquilon [1] m'a longtemps oppressée [2] :
Enfin, j'ai vu les fleurs ; je redescends du ciel,
Et je vais commencer mon doux rayon [3] de miel.
Voyez ! j'en ai déjà puisé dans quatre roses ;
Avant une heure encor nous en aurons d'écloses [4].
Vite, vite à la ruche [5] ! on ne rit pas toujours !
C'est pour faire le miel qu'on nous rend les beaux jours. »

**Ex. 225.** Elle fuit et se perd [6] sur la route embaumée.
Le frais lilas sortait d'un vieux mur entr'ouvert ;
Il saluait l'aurore [7], et l'aurore charmée

---

1. L'aquilon, nom que les anciens donnaient au vent du nord.

2. Oppresser, gêner la respiration.

3. Rayon, espèce de gâteau de cire qui contient le miel.

4. Écloses, c'est-à-dire ouvertes, épanouies.

5. Ruche, panier en forme de cloche, où l'on met les abeilles.

6. Se perd, c.-à-d., disparaît.

7. L'aurore, lueur qui précède le lever du soleil. L'aurore est comparée à une personne : l'auteur nous dit qu'elle se riait de l'hiver, parce que l'hiver était passé.

S.

Se montrait sans nuage et riait de l'hiver.
Une hirondelle passe : elle effleure la joue
Du petit nonchalant[1] qui s'attriste et qui joue;
Et dans l'air suspendue, en redoublant sa voix,
Fait tressaillir l'écho[2] qui dort au fond des bois.

Ex. 226. « Oh! bonjour! dit l'enfant, qui se souvenait d'elle;
Je t'ai vue à l'automne[3]; oh! bonjour, hirondelle!
Viens! tu portais bonheur à ma maison, et moi
Je voudrais du bonheur. Veux-tu m'en donner, toi?
Jouons.

          — Je le voudrais, répond la voyageuse,
Car je respire à peine[4], et je me sens joyeuse.
Mais j'ai beaucoup d'amis qui doutent du printemps[5];
Ils rêveraient ma mort[6] si je tardais longtemps.

Ex. 227. Non, je ne puis jouer. Pour finir leur souffrance[7],
J'emporte un brin de mousse en signe d'espérance.
Nous allons relever nos palais[8] dégarnis :
L'herbe croît : il est temps de commencer nos nids.
J'ai tout vu. Maintenant, fidèle messagère,
Je vais chercher mes sœurs là-bas sur le chemin.
Ainsi que nous, enfant, la vie est passagère;
Il faut en profiter pour bien faire... A demain.

                           Mme DESBORDES-VALMORE.

## L'ÉLÉPHANT.

Copiez les deux morceaux suivants et mettez les adjectifs entre parenthèses.

Ex. 228. L'éléphant est, si nous voulons ne nous pas compter,
l'être le plus considérable de ce monde : il surpasse tous les animaux terrestres en grandeur, et il approche de l'homme par sa
vive intelligence. Dans l'état sauvage, l'éléphant n'est ni sanguinaire ni féroce : il est d'un naturel doux, et jamais il ne fait
abus de ses armes ou de sa force; il ne les emploie, il ne les

---

1. Nonchalant, c'est-à-dire insou-
ciant, indolent, qui ne se met pas
volontiers au travail.

2. Echo. On nomme *écho* la répé-
tition distincte du son, renvoyé par
un corps dur. Pour animer son récit, l'auteur, personnifiant l'Echo,
nous le montre tressaillant au bruit.

3. Automne, celle des quatre sai-
sons de l'année qui suit l'été.

4. Je respire à peine, c'est-à-

dire je suis lasse, j'ai besoin de
repos.

5. Qui doutent du printemps,
c'est-à-dire qui doutent encore que
les beaux jours soient venus.

6. Ils rêveraient ma mort, c'est-
à-dire ils croiraient qu'il m'est sur-
venu quelque accident.

7. Souffrance a ici le sens de
tourment, inquiétude.

8. C.-à-d., nos *nids*.

exerce que pour se défendre lui-même ou pour protéger ses
semblables.

Ex. **229.** On le voit rarement errant ou solitaire; il marche
ordinairement de compagnie[1]; le plus âgé conduit la troupe, le
second d'âge la fait aller et marche le dernier; les éléphants
jeunes ou les faibles sont au milieu des autres; les mères portent
leurs petits et les tiennent embrassés de leur trompe[2]; ils ne gar-
dent cet ordre que dans les marches périlleuses, lorsqu'ils vont
paître sur des terres lointaines.

Ex. **230.** Ils se promènent ou voyagent avec moins de pré-
caution dans les forêts et dans les profondes et vastes solitudes,
sans cependant se séparer absolument. Il y en a néanmoins quel-
ques-uns qui s'égarent ou qui traînent après les autres, et ce sont
les seuls que les plus audacieux chasseurs osent attaquer; car il
faudrait une petite armée pour assaillir la troupe entière, et l'on
ne pourrait la vaincre sans perdre beaucoup de monde.

Ex. **231.** Il serait même dangereux de leur faire la plus petite
injure : ils vont droit à l'offenseur, et quoique la masse de leur
corps soit très-pesante, leur pas est si grand qu'ils atteignent
l'homme le plus léger à la course; ils le percent de leurs terribles défenses ou le saisissent avec leur trompe flexible, le lancent
comme une pierre et achèvent de le tuer en le foulant aux pieds.

Ex. **232.** Ces animaux aiment le bord des larges fleuves, les
profondes vallées, les lieux sombres et les terrains humides; ils
ne peuvent se passer d'eau fraîche et la troublent avant que de
la boire; ils en remplissent souvent leur trompe, soit pour la
porter à leur bouche ou seulement pour se rafraîchir le nez et
s'amuser en la répandant à grands flots ou l'aspergeant[3] à la
ronde; ils ne peuvent supporter les froids rigoureux et souffrent
aussi quand la chaleur est excessive.

Ex. **233.** Pour éviter la trop grande ardeur du soleil, ils s'en-
foncent autant qu'ils peuvent dans les forêts les plus profondes;
ils se mettent aussi souvent dans l'eau : le volume[4] énorme de
leur corps leur nuit moins qu'il ne leur aide à nager; ils enfor-
cent moins dans l'eau que les animaux les moins volumineux, et

---

1. **De compagnie...** C'est-à-dire, ils marchent en bandes.

2. **Trompe.** La trompe, prolonge-
ment du museau, est chez l'éléphant
l'organe de l'odorat et du toucher.

3. **L'aspergeant**, c'est-à-dire qu'il en arrose tous ses voisins.

4. **Le volume**, c'est-à-dire la masse de son corps, la grandeur de ses dimensions.

d'ailleurs, leur trompe, par laquelle ils respirent, est si longue qu'elle leur ôte toute crainte d'être submergés[1]. BUFFON.

### UN TRAIT DE COURAGE MATERNEL.

**Ex. 234.** De l'étroite prison[2] qui rassemble à grands frais
Les monstres des déserts, les hôtes des forêts,
Un lion s'échappa : tout fuyait à sa vue.
Dans le commun désordre[3], une mère éperdue[4]
Emportait son enfant... Dieu! ce fardeau chéri
De ses bras échappé, tombe : elle pousse un cri,
S'arrête, et l'aperçoit sous la dent affamée[5].

**Ex. 235.** Elle reste immobile et presque inanimée,
Le front pâle, l'œil fixe et les bras étendus.
Elle reprend ses sens un moment suspendus ;
La frayeur l'accablait : la frayeur la ranime.
O prodige d'amour! ô délire[6] sublime[7] !
Elle tombe à genoux : « Rends-moi, rends-moi mon fils! »

**Ex. 236.** Ce lion si farouche est ému par ses cris,
La regarde, s'arrête, et la regarde encore :
Il semble deviner qu'une mère l'implore.
Il attache sur elle un œil tranquille et doux,
Lui rend ce bien si cher, le pose à ses genoux,
Contemple de l'enfant le paisible[8] sourire,
Et dans le fond des bois lentement se retire.

MILLEVOYE.

Des mots suivants, formez des adjectifs en changeant *er* en *able*.
MODÈLE : d'*aimer*, je forme *aimable*.

### Ex. 237.

| | | | |
|---|---|---|---|
| Aim *er* | Abord *er* | Mesur *er* | Accept *er* |
| Ador *er* | Désir *er* | Répar *er* | Excus *er* |
| Estim *er* | Vari *er* | Sépar *er* | Mépris *er* |

---

1. **Submergés**, c'est-à-dire emportés par le courant, coulés à fond.

2. **L'étroite prison...** Il s'agit d'une ménagerie. Cette manière de s'exprimer s'appelle une *périphrase*, ou *circonlocution*, c'est-à-dire une réunion de mots dont on se sert quand on ne veut ou quand on ne peut employer le mot propre.

3. **Commun** signifie ici *général :* tout le monde fuyait sans ordre.

4. **Éperdue**, c'est-à-dire agitée violemment, hors d'elle-même.

5. Le poëte dit : « La dent *affamée*, » au lieu de « la dent *du lion affamé*. »

6. **Délire**, égarement momentané.

7. **Sublime**, plein de grandeur.

8. **Paisible**, calme, tranquille.

### Ex. 238.

| | | | |
|---|---|---|---|
| Blâm *er* | Mani *er* | Vénér *er*[1] | Respect *er* |
| Calcul *er* | Ni *er* | Préfér *er* | Redout *er* |
| Consol *er* | Condamn *er* | Labour *er* | Support *er* |
| Pay *er* | Cultiv *er* | Habit *er* | Epouvant *er* |

Des mots suivants, formez des adjectifs en changeant *e* en *eux*.

### Ex. 239.

| | | | |
|---|---|---|---|
| Bourb *e*[2] | Marécag *e*[3] | Envi *e* | Graiss *e* |
| Nombr *e* | Avantag *e* | Furi *e* | Huil *e* |
| Argil *e* | Neig *e* | Harmoni *e* | Moell *e* |

### Ex. 240.

| | | | |
|---|---|---|---|
| Chanc *e*[4] | Ombrag *e*[5] | Ignomini *e*[6] | Scandal *e*[8] |
| Poudr *e* | Orag *e* | Industri *e* | Merveill *e* |
| Fang *e* | Fougu *e* | Mélodi *e*[7] | Ecum *e* |
| Dout *e* | Mouss *e* | Paress *e* | Désastr *e* |

Dans les exercices suivants, remplacez l'adjectif en italique par un adjectif de signification contraire.

**MODÈLE :** *Ce terrain est fertile. — Ce terrain est stérile.*

**Ex. 241.** Ce terrain est *fertile.* — Ce fleuve est *large.* — Ce peuple est *brave.* — Ce village est *riche.* — Ce chêne est *fort.* — Cet élève est *docile.*

**Ex. 242.** Ce blé est *mûr.* — Ce pain est *tendre.* — Cette ferme est *propre.* — Ce corridor est *grand.* — Ce chat est *fidèle.* — Ce lion est *doux.* — Cet arbre est *vieux.*

**Ex. 243.** Ce dîner est *chaud.* — Ce singe est *joli.* — Cet homme est *faible.* — Ce marchand est *honnête.* — Ce fardeau est *léger.* — Cet écolier est *laborieux.*

**Ex. 244.** Ce paon[9] est *modeste.* — Ce livre est *bon.* — Cet ouvrage est *utile.* — Ce marché est *avantageux.* — Ce visage est *beau.* — Ce soldat est *lâche.*

---

1. **Vénérer,** indique un sentiment de respect et d'adoration.
2. **Bourbe,** fange, boue.
3. **Marécage,** se dit d'un terrain couvert d'eau dormante.
4. **Chance,** hasard, éventualité heureuse ou malheureuse.
5. **Ombrage** se dit d'un assemblage de branches et de feuilles qui produisent de l'ombre.
6. **Ignominie,** déshonneur, infamie.
7. **Mélodie,** harmonie.
8. **Scandale,** action scandaleuse, c'est-à-dire mauvais exemple, qui donne une *occasion de chute,* de péché.
9. **Le paon,** qui semble admirer l'éclat de son plumage, est le symbole de la vanité.

Choisissez dans chaque colonne un nom et un adjectif convenables, et formez des phrases sur le modèle suivant : *Le soleil est brillant.*

Ex. **245.** Soleil. — Océan. — Conte. — Marais. — Cygne. — Ane. — Chien. { Brillant. — Bourbeux. — Profond. — Gracieux. — Amusant. — Fidèle. — Patient.

Ex. **246.** Osier. — Loup. — Rocher. — Pinson. — Elève. — Palais. — Hiver. { Dur. — Gai. — Magnifique. — Féroce. — Studieux. — Froid. — Flexible [3].

Ex. **247.** Eté. — Hameçon. — Rasoir. — Puits. — Chat. — Mulet. — Verre. { Tranchant. — Infidèle. — Chaud. — Entêté. — Aigu [4]. — Profond. — Fragile.

Ex. **248.** Duvet [1]. — Perroquet. — Serpent. — Soldat. — Champ. — Plomb. { Venimeux [5]. — Bavard. — Brave. — Léger. — Lourd. — Fertile.

Ex. **249.** Or. — Diamant [2]. — Serviteur. — Agneau. — Coq. — Cheval. { Timide. — Précieux. — Actif. — Jaune. — Fougueux [6]. — Hardi.

Copiez les exercices suivants, et remplacez le trait — par un adjectif indiquant la couleur. Ecrivez : Le citron est *jaune.*

Ex. **250.** Le citron est —. Le lait est —. Le charbon est —. Le coquelicot est —. Le feuillage est —. Le bluet est —. Le plomb est —.

Ex. **251.** Le vin est —. Le corbeau est —. Le pré est —. L'argent est —. L'or est —. L'indigo est —. Le cygne est —.

Remplacez le trait par un adjectif indiquant la forme. Ecrivez : L'œuf est *ovale.*

Ex. **252.** Le cercle est —. Le cahier est —. L'hameçon est —. L'œuf est —. Le sapin est —. Le cep de vigne est —. Le sabre est —.

Ex. **253.** Le clocher est —. Le carreau est —. Le globe est —. Le terrain est —. Le bâton est —. Le serpent est —. Le visage est —.

---

1. **Duvet,** se dit de la menue plume des oiseaux, ou de la matière cotonneuse qui recouvre certains fruits. Ex. : le duvet de la pêche.

2. **Diamant,** pierre précieuse, qui brille du plus vif éclat et a la propriété de rayer le verre.

3. **Flexible,** qui se plie ou se courbe avec facilité.

4. **Aigu,** c'est-à-dire terminé en pointe.

5. **Venimeux,** qui a du venin (se dit des animaux). Ne pas confondre avec vénéneux, qui se dit des plantes. Ex. : Un serpent *venimeux,* une plante *vénéneuse.*

6. **Fougueux,** ardent, impétueux.

Remplacez le trait suivant par un adjectif indiquant une qualité.
Écrivez : Le chien est *fidèle*.

**Ex. 254.** Le chien est —. L'écolier est —. L'instituteur est —. Le soldat est —. Le cultivateur est —. Le fer est —. Le pain est —.

**Ex. 255.** Le juge est —. Le vieillard est —. L'âne est —. Le fruit est —. L'ouvrier est —. Le caissier est —. Le terrain est —.

Remplacez le trait par un adjectif indiquant un défaut.

**Ex. 256.** L'écolier est —. Le chat est —. Le déserteur est —. L'ouvrier est —. Le moineau est —. Le loup est —. Le terrain est —.

**Ex. 257.** Le marchand est —. Le cheval est —. Le tigre est —. Le vent est —. Le juge est —. Le mulet est —. Le verre est —.

## Exercices lexicologiques.

Répondez, 1° de vive voix, 2° par écrit, aux questions suivantes :

**Ex. 258.** Qu'est-ce qu'un *reptile ?* un *quadrupède ?* un *liquide ?* un *fluide ?* un *végétal ?* un *minéral ?* un *volatile ?* une *tige ?*

**Ex. 259.** Qu'est-ce que la *jujube ?* la *corme ?* la *merise ?* la *datte ?* la *faîne ?* un *parterre ?* une *chaussée ?* un *joug ?*

**Ex. 260.** Qu'est-ce qu'un *coteau ?* une *cime ?* un *gouvernail ?* un *éclair ?* le *tonnerre ?* une *bécasse ?* une *pintade ?* une *cigogne ?*

**Ex. 261.** Qu'est-ce qu'un *marquis ?* un *infant ?* un *régent ?* un *intendant ?* un *bourgeois ?* un *comte ?* un *baron ?* un *aventurier ?* un *patron ?* un *tuteur ?*

**Ex. 262.** Que signifient les adjectifs *flexible, diligent, humble, nonchalant, paisible, vigilant, docile, aigu, fougueux ?*

**Ex. 263.** Que signifient les mots *duvet, diamant, venin, délire, scandale, fange, ignominie, écho, trompe, volume ?*

### QUESTIONNAIRE.

| | |
|---|---|
| Qu'est-ce que l'adjectif ? | Quels sont les adjectifs qualificatifs ? |
| Combien y a-t-il de classes d'adjectifs ? | Comment reconnaît-on qu'un mot est adjectif ? |

**§ 63.** Les adjectifs ont, comme les noms, le *masculin* et le *féminin*, le *singulier* et le *pluriel*.

### Comment on forme le féminin des adjectifs.

**Grand travail, — grande récompense.**

**§ 64.** RÈGLE GÉNÉRALE. — On forme le féminin des adjectifs en ajoutant un **e** muet au masculin.
Ex. : grand, *grand*e ; joli, *joli*e ; saint, *saint*e ; méchant, *méchant*e.

**Le brave soldat. — La brave armée.**

**§ 65.** REMARQUES. —I. Quand un adjectif se termine par un **e** muet au masculin, il ne change pas au féminin. Ex. : le *brave soldat;* la *brave armée.*

**Le cœur altier. — L'âme altière.**

**§ 66.** — II. Quand un adjectif se termine par un **r** au masculin, on met un accent grave sur l'**e** qui précède cet **r**, avant d'ajouter l'**e** muet. Ex. : altier, *altière ;* entier, *entière.*

**Le couteau aigu. — L'épée aiguë.**

**§ 67.** — III. Quand un adjectif est terminé par *gu* au masculin, on met un tréma sur l'*e* du féminin. Ex. : *Aigu, aiguë ; exigu, exiguë.*

---

Dans les quatre exercices suivants, remplacez les points par le féminin de l'adjectif.

Ex. **264.** L'arbre *vert*, la feuille...
Un *grand* château, une ... maison, une ... avenue [1].
Du vin *chaud*, de l'eau ...
Le *petit* garçon, la ... fille.
Un abricot *mûr*, une pomme ...
Un cœur *pur* [2], une conscience...
Le souterrain *profond*, la caverne [3]...
Un coup *brutal* [4], une cruauté...
Le ruban *bleu*, la robe ...
Un bureau *noir*, une table ...
Le *grand* jardin, la ... cour.

---

1. **Avenue**, chemin large et planté d'arbres qui conduit à un château.
2. **Pur**, c.-à-d., qui n'est pas souillé par le péché.
3. **Caverne**, cavité naturelle dans un rocher; grotte, antre.
4. **Un coup brutal**, c'est-à-dire donné brutalement, avec férocité.

**Ex. 265.** Un *grand* feu, une ... flamme.
Le caveau *obscur*, la cave ...
Du coton *fin*, de la soie ...
Le fil *bleu*, la laine ...
Un cabinet *clair*, une chambre ..., une eau ...
Le fruit *cru*, la pomme ...

Le vent *froid*, la pluie ...
Un jeune homme *obligeant*, une demoiselle ...
Le *petit* cabinet, la ... chambre, une ... cuisine.
Un chapeau *bleu*, une robe ...
Le chemin *étroit*, la rue ... l'avenue ...

**Ex. 266.** Le *vilain* chien, la ... chienne.
Un chapeau *gris*, une robe ...
Le bien *rural*[1], la propriété ...
Un cœur *innocent*, une âme ...
Le fleuve *profond*, la rivière ...
Un mur *solide*, une muraille ...

Un chant *divin*, une musique ...
Le marais *infect*[2], l'odeur ...
Un mot *poli*, une parole ...
Le soldat *français*, l'armée ...
Le costume *élégant*, la toilette ...
Le nuage *noir*, la nuée ...

**Ex. 267.** Du drap *bleu*, de l'étoffe ...
Un habit *noir*, une robe ...
Le fruit *vert*, la pomme ...
Un abricot *mûr*, une cerise ...
Le raisin *noir*, la mûre ...
Un ciel *pur*[3], une eau ...

Un rameau *vert*, une branche...
Le bras *droit*, la main ...
Un caractère *égal*[4], une humeur ...
Un salon *froid*, une chambre ...
Le pays *voisin*, la terre ...
Le peuple *ami*, la nation ...

Écrivez au féminin les adjectifs placés entre parenthèses.
**Modèle : La terre est *ronde*.**

**Ex. 268.** La terre est (*rond*). — L'Irlande[5] est une île (*plat*) et peu (*fécond*). — Le Mont-Blanc[6] est la plus (*haut*) montagne de l'Europe. — L'Islande[7] est une île (*froid*) et (*stérile*). — Lyon est la (*second*) ville de la France. — Paris est la ville la plus (*grand*) et la plus (*opulent*) de notre pays.

**Ex. 269.** L'eau des puits artésiens[8] est souvent très-(*chaud*). — Bruxelles[9] est une ville (*propre*) et (*joli*). — Le lion a la figure

---

1. **Rural** signifie qui appartient aux champs, qui concerne les champs. Ex.: *La vie rurale*.
2. **Infect**, qui répand une mauvaise odeur.
3. **Pur**, a ici le sens de clair, net, sans nuages.
4. **Égal**, c.-à-d., toujours le même, qui ne s'emporte jamais.
5. V. page 8, note 7.
6. **Mont-Blanc**, l'une des plus hautes montagnes de l'Europe, fait partie de la chaîne des Alpes.
7. V. p. 25, n. 3.
8. **Artésiens**, c'est-à-dire qui est de l'Artois, ancienne province de France. Comme on a foré dans cette province un grand nombre de puits, on a donné à ce genre de puits le nom de puits *artésiens*.
9. **Bruxelles**, ville capitale de la Belgique.

(*imposant*) et la taille (*élégant*). — La mer Baltique[1] n'est pas (*profond*) et elle est très-(*étroit*) sur plusieurs points. — Bordeaux[2] est une ville très-(*commerçant*). — La marche (*lent*) de la tortue est le symbole[3] d'une application (*persévérant*) et (*infatigable*).

Ex. **270.** La terre bien cultivée devient plus (*fécond*). — La lumière de la lune est (*pâle*) et (*blafard*[4]). — Une conscience (*pur*) est un bien précieux. — Une comète est une étoile (*chevelu*[5]). — Le laboureur diligent recueillera une (*abondant*) moisson.—Les paresseux font la (*sourd*) oreille[6] quand on les exhorte au travail. — Un isthme est une (*étroit*) langue de terre. — L'eau du Rhône[7] est (*pur*) et (*clair*).

Ex. **271.** La justice de Dieu est (*inflexible*[8]). — L'ivrognerie est une passion (*méprisable*). — La vieillesse est (*vénérable*). — L'immensité des cieux n'est pas (*mesurable*). — Une existence (*honnête*) laisse une mémoire (*durable*). — La Somme[9] est une rivière (*large*) et (*navigable*).—La Bourgogne[10] est une province (*riche*) et (*fertile*).

Ex. **272.** Les eaux du déluge couvrirent la terre (*entier*). — La chaumière du villageois est toujours (*hospitalier*[11]). — La faim rend agréable la nourriture la plus (*grossier*). — Le maître pardonne volontiers une faute (*léger*). — On peut être pauvre et avoir une âme (*fier*). — L'agriculture est la mère (*nourricier*) de l'humanité.

Ex. **273.** On appelle aiguille la pointe (*aigu*) d'une montagne. — L'homme sage est heureux avec une fortune (*exigu*[12]). — La Belgique est (*contigu*[13]) à la Hollande. — Une maladie (*aigu*) cause de vives souffrances. — La parole de l'homme faux est souvent (*ambigu*). — L'âme de Louis XIV était (*altier*).

---

1. **Baltique**, mer qui baigne la Suède, le Danemark, la Prusse et la Russie. La Baltique est formée par la mer du Nord.

2. **Bordeaux**, chef-lieu du département de la Gironde.

3. **Symbole**, c'est-à-dire signe, image, emblème.

4. **Blafard**, terne, livide.

5. **Chevelu**. On appelle *chevelure* ou queue de la comète, la traînée lumineuse que cet astre laisse derrière lui dans le ciel.

6. C.-à-d., n'écoutent point.

7. **Rhône**, fleuve de France, se perd dans la Méditerranée.

8. **Inflexible**, c'est-à-dire qui demeure invariable dans ses ordres, et qu'on ne peut fléchir.

9. **Somme**, rivière de France qui se perd dans la Manche.

10. **Bourgogne**, ancienne province de la France; capitale Dijon.

11. **Hospitalier**, c'est-à-dire qui exerce volontiers l'hospitalité.

12. **Exigu**, c'est-à-dire petit.

13. **Contigu**, qui touche, qui est attenant.

**Ex. 274.** La chevelure des nègres est (*crépu* [1]). — Tout le monde évite une personne (*tracassier* [2]). — L'eau du lac Léman [3] est (*froid*), (*pur*) et (*transparent*). — La vieillesse est (*sage*) et (*prévoyant*). — La Grèce est (*contigu*) à la Turquie. — La vertu est (*aimable*). — Les Gaulois avaient l'humeur (*guerrier*). — Les meilleurs esprits ont besoin d'une culture (*assidu* [4]). — (*Seul*), l'amitié des gens vertueux est (*fidèle*).

### LA POULE.

Mettez au féminin les adjectifs placés entre parenthèses.

**Ex. 275.** La poule s'expose à tout pour défendre sa (*petit*) famille : paraît-il un épervier [5] dans l'air, cette mère si (*faible*), si (*timide*), et qui, en toute circonstance (*différent*), chercherait son salut dans une fuite (*rapide*), devient (*intrépide*) par tendresse ; elle s'élance au-devant de la serre [6] (*aigu*), (*redoutable*), et, par ses cris redoublés, ses battements d'ailes et son audace, elle impose [7] souvent à l'oiseau carnassier, qui, rebuté d'une résistance (*imprévu*), s'éloigne et va chercher une proie plus (*facile*).

**Ex. 276.** Elle paraît avoir toutes les qualités d'une âme (*tendre*) et (*aimant*) ; mais ce qui ne fait pas tant d'honneur à son instinct, c'est que si, par hasard, on lui a donné à couver des œufs de cane, son affection pour ces étrangers n'est ni moins (*grand*) ni moins (*ardent*) qu'elle le serait pour ses propres poussins : elle ne voit pas qu'elle n'est que leur mère (*nourricier*), et non pas leur (*propre*), leur (*véritable*) mère.

**Ex. 277.** Lorsqu'ils vont se plonger dans la rivière (*voisin*), c'est une chose (*singulier*) et (*amusant*) que de voir la (*profond*) inquiétude de cette (*pauvre*) nourrice, qui se croit encore mère, et qui (*pressé*) du désir de les suivre au milieu des eaux, mais (*retenu*) par une répugnance (*invincible*) pour cet élément, s'agite (*incertain*), (*tremblant*), sur le rivage, et voit sa couvée tout (*entier*) dans un péril évident, sans oser lui donner de secours.

### QUESTIONNAIRE.

Comment forme-t-on *ordinairement* le féminin des adjectifs?

Qu'arrive-t-il quand un adjectif a déjà un *e* muet au masculin?

Comment forme-t-on le féminin des adjectifs terminés en *er*?

Comment forme-t-on le féminin des cinq adjectifs terminés en *gu*?

1. **Crépu**, très-frisé.
2. Qui aime les disputes.
3. Lac de Genève, en Suisse.
4. **Assidu**, continuel, constant.
5. **Epervier**, oiseau de proie.
6. **Serres**, griffes des oiseaux de proie.
7. **Imposer**, inspirer du respect.

### LA TERRE ET LA LUNE.

Copiez les exercices suivants, en mettant au féminin les adjectifs entre
parenthèses.

**Ex. 278.** La terre est une planète[1] (*rond*) comme une orange
et légèrement (*plat*) comme elle aux deux extrémités. (*Isolé*[2]) et
(*suspendu*) dans l'immensité (*infini*)[3], elle est animée d'un double
mouvement. En même temps qu'elle fait un tour sur elle-
même en vingt-quatre heures, elle accomplit, avec une (*régulier*)
vitesse, sa révolution[4] (*circulaire*) autour du soleil, dans le voisinage duquel elle est retenue par une force[5] toute (*puissant*), mais
(*invisible*).

**Ex. 279.** La terre est accompagnée dans cette (*double*) révolution, par une planète (*rond*) comme elle, mais plus (*petit*), la
lune, sa compagne (*fidèle*), qui tourne autour d'elle avec une
(*admirable*) exactitude, en l'éclairant de sa lumière (*blafard*).
Non (*content*) de nous renvoyer la (*pâle*) clarté qu'elle reçoit
du soleil, et de nous tirer ainsi de l'obscurité (*profond*) de la
nuit, cette (*bienveillant*) lune nous montre constamment la même
figure (*calme*) et (*souriant*).

Remplacez le nom masculin par un nom féminin correspondant, et formez
des phrases sur le modèle suivant : *L'écolier est ignorant.*
Écrivez : *L'écolière est ignorante.*

**Ex. 280.** Le *fleuve* est profond. — Le *mont* est escarpé. —
Le *bois* est touffu. — Le *pré* est vert. — Le *rosier* est odoriférant. — Le *pain* est nourrissant. — Le *cerf* est léger. — Le
*chien* est fidèle.

**Ex. 281.** Le *terrain* est fertile. — Le *mouton* est timide. —
L'*instituteur* est instruit. — L'*écolier* est bavard. — L'*encrier* est
noir. — Le *conte* est amusant. — Le *nuage* est gris. — Le *tigre*
est féroce.

**Ex. 282.** Le *paysan* est hospitalier. — Le *serviteur* est diligent. — Le *sabre* est aigu. — L'*abricot* est succulent. — Le *rat*
est gourmand. — Le *cabinet* est exigu.

**Ex. 283.** Le *loup* est vorace. — Le *bourgeois* est poli. — Le
*villageois* est économe. — L'*agneau* est innocent. — Le *tissu*
est grossier. — Le *chevreau* est vagabond. — Le *bœuf* est patient.

Copiez les trois exercices suivants en soulignant d'un trait les adjectifs féminins,
et de deux traits les adjectifs masculins.

### LES DEUX VOYAGEURS.

**Ex. 284.** Le compère Thomas et son ami Lubin
Allaient à pied tous deux à la ville prochaine.
       Thomas trouve sur son chemin

---

1. **Planète**, astre qui tourne autour d'un autre plus gros.
2. **Isolé**, qui ne touche à rien.
3. **Infini**, sans bornes.

4. **Révolution**, circuit qu'un astre
fait autour d'un autre.
5. **Cette force**, c'est l'*attraction* :
tous les astres s'attirent.

Une bourse de louis pleine;
Il l'empoche aussitôt. Lubin, d'un air content,
   Lui dit : « Pour nous la bonne aubaine [1] !
   — Non, répond Thomas froidement;
*Pour nous* n'est pas bien dit; *pour moi*, c'est différent. »

**Ex. 285.** Lubin ne souffle [2] plus; mais, en quittant la plaine,
Ils trouvent des voleurs cachés au bois voisin.
   Thomas tremblant, et non sans cause,
Dit: « Nous sommes perdus! — Non, lui répond Lubin,
*Nous* n'est pas le vrai mot; mais *toi* c'est autre chose. »
Cela dit, il s'échappe à travers le taillis [3].
Immobile de peur, Thomas est bientôt pris :
Il tire la bourse et la donne.

Qui ne songe qu'à soi quand la fortune est bonne,
Dans le malheur n'a point d'amis.      FLORIAN.

### LA CIGOGNE.

**Ex. 286.** On attribue à cet oiseau des vertus dont l'image est toujours respectable : une grande tempérance [4] et une singulière piété filiale [5] et paternelle. On a souvent vu des cigognes jeunes et vigoureuses apporter de la nourriture à une autre qui, se tenant sur le bord du nid, paraissait languissante et affaiblie, soit par quelque indisposition passagère, soit que réellement la cigogne ait le touchant instinct de soulager la vieillesse, et que la nature, en plaçant dans un cœur brut [6] ces pieux sentiments auxquels le cœur humain n'est que trop souvent infidèle, ait voulu nous en donner un frappant [7] exemple.

Choisissez, pour chaque nom de la colonne à gauche, un adjectif convenable dans la colonne de droite, et formez des phrases sur le modèle suivant:
*La rose est odoriférante.*

**Ex. 287.** Rose. — Mer. — Terre. — Histoire. — Pêche. — Anesse. — Brebis.

Odoriférant. — Fécond. — Profond. — Succulent. — Intéressant. — Timide. — Patient.

**Ex. 288.** Montagne. — Source. — Etoile. — Prairie. — Chatte. — Glace. — Laine.

Brillant. — Infidèle. — Limpide. — Verdoyant. — Froid. — Chaud. — Haut.

---

1. **Aubaine,** trouvaille, gain, profit auquel on ne s'attendait pas.
2. **C.-à-d.,** ne dit plus mot.
3. **Taillis,** bois que l'on coupe tous les trois ou quatre ans; jeune bois.
4. **Tempérance,** vertu qui nous porte à manger et à boire avec modération et à éviter tout excès.
5. **Piété filiale,** amour et respect que les enfants montrent pour leurs parents.
6. **Brut,** c.-à-d., dans le cœur d'un être dépourvu de raison.
7. **Frappant,** qui frappe l'esprit et que l'on n'oublie pas facilement.

**Ex. 289.** Roche. — Maîtresse. — Ecolière. — Pierre. — Servante. — Violette. — Encre. — Vie. ⟩ Escarpé[1]. — Dur. — Savant. — Fidèle. — Court. — Bavard. — Noir. — Printanier[2].

**Ex. 290.** Espérance. — Hache. — Fourmi. — Hirondelle. — Forêt. — Mouche. ⟩ Tranchant. — Incertain. Léger. — Aigu. — Touffu. Diligent. — Importun[3].

**Ex. 291.** Fermière. — Peste. — Cabane. — Angleterre. — Nuit. — Ivresse. ⟩ Exigu. — Commerçant. Meurtrier. — Hospitalier. Obscur. — Abrutissant.

### LETTRE POUR LE JOUR DE L'AN.

**Ex. 292.** Remplacez *Pauline* par *Paul*, *mère* par *père*, et faites les changements nécessaires.

*Chère petite mère,*

Il y avait une fois *une petite fille* bien *légère* et bien *étourdie*, qui n'obéissait jamais à ses parents, bien qu'*elle* promît chaque jour à *sa tendre mère* d'être bien *docile* et bien *sage*. Mais les années passent vite : *la petite fille* devint *grande*, et se montra aussi *reconnaissante* et aussi *soumise*, qu'elle avait été *ingrate* et *revêche*[4] auparavant.

Cette lettre, *ma chère mère*, commence comme un conte de Perrault[5] : mais elle sera, vous le verrez, l'histoire véridique de *votre fille dévouée*, qui vous embrasse tendrement en priant Dieu d'exaucer les vœux qu'*elle* forme pour votre bonheur.

*Pauline.*

### LE PETIT PARESSEUX.

Remplacez ce titre par *La petite paresseuse*, et mettez au féminin les mots soulignés.

**Ex. 293.** Le sort de *l'écolier indolent* est bien malheureux. Lorsqu'*il* se lève le matin, *il* promet à ses parents d'être bien *docile* et bien *exact* à remplir ses devoirs. Mais à peine a-t-*il* franchi le seuil de la classe, qu'il oublie ses bonnes résolutions. *Négligent* et *distrait*, il passe dans l'oisiveté un temps précieux dont la perte est irréparable.

---

1. **Escarpé**, qui a une pente très-raide.
2. **Printanier**, qui paraît au printemps.
3. **Importun**, incommode, ennuyeux.
4. **Revêche**, qui ne sait point plier; qui résiste à ses maîtres.
5. **Perrault**, écrivain du XVII<sup>e</sup> siècle, auteur du *Petit Poucet*, du *Chaperon rouge*, etc.

**Ex. 294.** Non *content* de rester *inoccupé, il* dérange ses condisciples dans leurs travaux ; *turbulent* [1] et *bavard, il* s'attire sans cesse de nouvelles punitions ; *ingrat* et *injuste* à l'égard de ses *maîtres, il* ose les accuser d'injustice et de malveillance. Toutes ses journées se passent de même, et il est tout *confus* de se trouver aussi *ignorant* que les années précédentes.

### LETTRE POUR UN JOUR DE FÊTE.

Remplacez *mon cher père* par *ma ch... mère*, et *Émile* par *Émilie*, et faites les changements nécessaires.

*Mon cher père,*

**Ex. 295.** Votre *petit Émile* est encore trop *ignorant* pour vous composer un beau discours. Mais s'*il* n'est pas *savant*, il n'est pas non plus *ingrat*. Oh! non, cher père! votre fils a du moins un bon cœur, et *il* vous est bien *reconnaissant* de tous les bienfaits qu'il a reçus de vous depuis sa naissance.

Notre sainte religion nous apprend que Dieu exauce toujours les prières d'*un fils obéissant*. Si les vœux que votre *fils chéri* adresse au Ciel sont exaucés, vous serez *satisfait, cher père,* du bonheur que Dieu vous accordera, et moi, *votre cher Émile,* je serai bien content en pensant que j'ai pu contribuer quelque peu à votre félicité.

> *Votre fils dévoué* et *reconnaissant* qui vous embrasse de tout son cœur.
>
> *Émile.*

### Exercices lexicologiques.

Répondez, 1° de vive voix, 2° par écrit, aux questions suivantes :

**Ex. 296.** Qu'est-ce que la *mer Pacifique* ? l'*Irlande* ? la *Normandie* ? la *Hollande* ? l'*Allemagne* ? l'*Angleterre* ? l'*Algérie* ? la *Provence* ? la *Picardie* ? la *Lorraine* ?

**Ex. 297.** Que signifie *entrepont* ? *métropole* ? *cellule* ? *hôte* ? *gîte* ? *lyre* ? *hermine* ? *hochet* ? *vermisseau* ? *hameau* ? *ambre* ? *urne* ?

**Ex. 298.** Que signifie *ingratitude* ? *réveillon* ? *appât* ? *architecte* ? *paratonnerre* ? *vaccine* ? *détroit* ? *île* ? *lave* ? *législateur* ?

---

1. **Turbulent**, impétueux, qui cause du trouble.

## Comment on forme le pluriel des Adjectifs.

### Le livre utile — les livres utiles.

**§ 68. RÈGLE GÉNÉRALE.** — On forme le pluriel des adjectifs en ajoutant un s au singulier.

Ex. : grand, *grands* ; utile, *utiles*.

---

### ASPECT DE LA CAMPAGNE DE MADRID.

Copiez les exercices suivants en soulignant les adjectifs qui sont au pluriel.

**Ex. 299.** Madrid[1] est comme Rome, entouré de campagnes désertes, arides, d'une sécheresse et d'une désolation incroyables : pas un arbre, pas une goutte d'eau, pas une plante verte, pas une apparence d'humidité, rien que du sable jaune et des roches grisâtres[2]. En s'éloignant de la montagne, ce ne sont plus même des roches, mais de grosses pierres.

**Ex. 300.** De loin en loin on aperçoit quelques auberges poussiéreuses, un rocher couleur de liége qui montre sa cime au bord de l'horizon[3], de grands bœufs mélancoliques traînant de lourds chariots ; un paysan à la mine farouche ; ou bien encore de longues files d'ânes blanchâtres portant de la paille hachée, ficelée avec des résilles[4] de cordelettes[5] ; et c'est tout. L'âne qui marche en tête a toujours de petits plumets[6], qui marquent sa supériorité dans la gent[7] à longues oreilles.

### LE BLÉ ET LA VIGNE.

Copiez les exercices suivants, et mettez entre parenthèses les adjectifs qui sont au pluriel.

**Ex. 301.** 1. Ma fille, n'imite pas ces enfants légers, étourdis, qui, voyant flotter au vent ces mouvantes mers d'or[8] que le coque-

---

1. **Madrid**, ville capitale de l'Espagne ; — **Rome**, ville capitale de l'Italie.
2. **Grisâtre**, qui tire sur le gris.
3. **Horizon**, c'est la partie de la surface terrestre où se borne et s'arrête notre vue.
4. **Résille**, petit filet à mailles.
5. **Cordelette**, petite corde.
6. **Plumet**, qui signifie ici le bouquet de plumes mis par un conducteur sur la tête de ses animaux, se disait autrefois de la plume que les gentilshommes mettaient sur leur chapeau.
7. **Gent**, race, nation, espèce. Ce mot est très-souvent employé par les vieux auteurs. Ex. : *La gent trotte-menu ;* plus usité au pluriel, il s'écrit *gens*.
8. **Mouvantes mers d'or.** Sous les caresses du zéphyr, les champs de blé, au mois de juin, ondoient comme une mer dorée.

licot et le bluet égaient de leur éclat stérile[1], vont au travers chercher ces jolies fleurs. Que tes petits pieds suivent bien la ligne étroite du sentier. Respecte notre père nourricier, ce bon blé, qui, de faible tige, soutient avec peine sa tête pesante où est notre pain de demain. Chaque épi que tu détruirais ôterait la vie aux pauvres et méritants travailleurs, qui, toute l'année, ont pâti[2] pour le faire venir.

**Ex. 302.** Le sort de ce blé lui-même mérite ton plus tendre respect. Tout l'hiver, enclos dans la terre, il a patienté sous la neige glaciale ; puis, aux froides pluies du printemps, ses petites tiges vertes ont lutté, blessées parfois d'un retour de gelée, parfois de la dent aiguë du mouton ; il n'a grandi qu'en supportant les cuisants rayons du soleil. Demain, tranché par la faucille, battu, rebattu des terribles fléaux, Graindorge[3], le pauvre martyr, réduit en poudre impalpable[4], cuit comme pain, ira sous la dent, ou distillé[5] comme bière, sera bu. De toutes façons, sa mort fera vivre l'homme.

**Ex. 303.** Le blé est à peine coupé et battu, que l'humble petite vigne prépare son breuvage divin[6]. Que de pénibles travaux ici, ma fille ! que ces modestes végétaux, ces mauvais petits bois tortus, que tu méprises au printemps, exercent les forces de l'homme ! Dès mars, si tu parcourais les plaines immenses de la Champagne, de la Bourgogne et du Midi, tu verrais des millions d'hommes diligents et affairés replantant les échalas[7], relevant, liant, coupant les vignes, puis buttant[8] la terre autour, et toute l'année sur pied, pour mener à bien ces délicates personnes[9]. Pour les tuer, un brouillard suffit.

(D'après MICHELET.)

---

1. **Stérile.** L'éclat de ces fleurs, est vif, mais elles *ne produisent point de fruit :* cet éclat est donc stérile.

2. **Pâtir,** souffrir, se livrer à un travail pénible.

3. **Graindorge.** Pour animer son récit, l'auteur a personnifié la plante dont il nous entretient.

4. **Impalpable,** tellement fine qu'elle est insensible au toucher.

5. En faisant fermenter de l'orge ou du blé, on fait de la bière.

6. **Divin,** a ici le sens de délicieux, digne d'un dieu.

7. **Echalas,** perche qu'on plante en terre pour soutenir la vigne.

8. **Buttant.** Butter une plante, c'est amasser de la terre autour du pied.

9. **Personnes :** l'auteur, par une fine raillerie, les compare à des enfants gâtés et de santé délicate.

Mettez au pluriel les phrases suivantes. MODÈLE : *Le chien est fidèle ; les chiens sont fidèles.*

**Ex. 304.** Le chien est fidèle.
Le lion est féroce.
Le chat est perfide.
La poule est timide.
La rose est belle.

La forêt est touffue.
Le tigre est cruel.
L'étoile est brillante.
L'écureuil est vif.
Le loup est glouton.

**Ex. 305.** La violette est modeste.
Le livre est intéressant.
Le maître est savant.
Le verre est fragile.
Le renard est prudent.

L'abeille est industrieuse
Le bœuf est patient.
Le champ est fécond.
Le paon est superbe [1].
La plume est légère.
Le jardin est fertile.

**Ex. 306.** La mer est immense.
L'homme est raisonnable.
L'astre est étincelant.
L'enfant est léger.
Le vieillard est sage.

Le rat est incommode.
La chèvre est capricieuse.
L'âne est patient.
Le bœuf est robuste.
Le cultivateur est économe.

**Ex. 307.** L'histoire est instructive.
Le conte est amusant.
Le sabre est tranchant.
L'épée est aiguë.
La fermière est active.

Le désert est stérile.
La rivière est poissonneuse.
La mare [2] est bourbeuse.
La prairie est verdoyante.
La roche est escarpée.
La fauvette est gaie.

Choisissez, dans les colonnes A et B, un nom et un adjectif convenables, et formez des phrases sur le modèle suivant : *Les hommes sont mortels.*

**A**

**Ex. 308.** Homme — Renard — Chien — Professeur — Ecureuil — Globe.

**Ex. 309.** Elève — Désert — Fermier — Sapin — Fleuve — Loup.

**Ex. 310.** Bosquet — Pinson — Laurier — Champ — Nuage — Livre — Lièvre.

**Ex. 311.** Coq — Pupitre — Devoir — Tigre — Calcul — Cerf — Eléphant.

**B**

Mortel — Savant — Rusé — Léger — Fidèle — Rond.

Econome — Elancé — Indolent — Cruel — Stérile — Navigable.

Odorant — Sombre — Touffu — Fertile — Instructif — Gai — Timide.

Féroce — Exact — Vigilant — Agile — Enorme — Commode — Correct.

1. **Superbe**, signifie ici *orgueilleux : Le paon est un oiseau qui a* l'air d'être fier de sa beauté.
2. **Mare**, amas d'eau dormante.

**Ex. 312. Aigle** — Moissonneur — Médecin — Drap — Canif — Mulet — Brouillard. { Savant — Chaud — Tranchant — Diligent — Malsain — Carnassier — Entêté.

**Ex. 313. Vautour** [1] — Marbre — Roi — Rocher — Béret [2] — Biscuit [3] — Proverbe. { Froid — Escarpé — Vorace — Rond — Nourrissant — Puissant — Sage.

MODÈLE : *Les sentinelles sont vigilantes.*

**Ex. 314.** Sentinelle [5] — Halle [6] — Rose — Violette — Chèvre — Fourmi. { Vigilante [7] — Capricieuse — Spacieuse — Modeste — Odoriférante — Laborieuse.

**Ex. 315.** Étoile — Fable — Vipère — Plume — Pelouse — Mer. — Corneille. { Venimeuse — Légère — Brillante — Verte — Amusante — Profonde. — Noire.

**Ex. 316.** Poule — Orange — Abeille — Lance — Ecriture — Mare. { Diligente — Aiguë — Timide — Lisible — Jaune — Fangeuse.

**Ex. 317.** Vitre — Biche — Cravache [8] — Hache — Mansarde [9] — Chouette. { Flexible — Tranchante — Fragile — Exiguë — Légère — Solitaire.

**Ex. 318.** Glace — Vapeur — Vertu — Souris — Chanson — Onde. { Aimable — Gaie — Froide — Limpide — Chaude — Gourmande.

**Ex. 319.** Montagne — Sphère [10] — Fraise — Source — Perruche [11]. { Abondante — Vermeille — Haute — Ronde — Bavarde.

QUESTIONNAIRE.

Comment forme-t-on le pluriel des adjectifs ?

1. **Vautour**, oiseau vorace qui se nourrit principalement de proies mortes.
2. **Béret**, toque ronde et plate.
3. **Biscuit**, espèce de pain *deux fois* cuit, à l'usage des marins.
4. **Vorace**, qui mange avec gloutonnerie.
5. **Sentinelle**, soldat en faction, qui fait le guet.
6. **Halle**, marché couvert. Comparez une *salle*, c'est-à-dire, une *vaste chambre*, dont le diminutif est un *salon* (c.-à-d. une petite salle).
7. **Vigilant**, attentif.
8. **Cravache**, fouet dont se servent les cavaliers.
9. **Mansarde**, chambre pratiquée dans les combles d'une maison. L'architecte *Mansard* a donné son nom à ce genre de construction.
10. **Sphère**, globe ou corps parfaitement rond et solide.
11. **Perruche**, espèce de perroquet.

### Accord de l'Adjectif avec le nom.

**Le bon père, la bonne mère ; de jolis jardins, de jolies fleurs.**

**§ 69.** — RÈGLE. L'adjectif s'accorde en genre et en nombre avec le nom auquel il se rapporte.

Ainsi, dans « le *bon* père, » *bon* est au masculin et au singulier, parce que *père* est du masculin et du singulier ; dans « la bonne mère, » *bonne* est au féminin et au singulier, parce que *mère* est du féminin et du singulier.

Dans « de jolis jardins, de jolies fleurs, » *jolis* est au masculin et au pluriel, parce que *jardins* est du masculin et du pluriel ; *jolies* est au féminin et au pluriel, parce que *fleurs* est du féminin et du pluriel.

### Accord de l'adjectif avec deux noms [1].

**Le roi et le berger sont mortels.**

**§ 70.** — RÈGLE. Quand un adjectif se rapporte à deux noms au singulier, on met cet adjectif au pluriel, parce que deux singuliers valent un pluriel. Ex. : Le *roi* et le *berger* sont *mortels*.

**Le père et le fils sont contents.**

**§ 71.** — 1° Si les deux noms sont du masculin, l'adjectif se met au pluriel masculin. Ex. : le *père* et le *fils* sont CONTENTS ; *père* et *fils* sont du masculin.

**La mère et la fille sont contentes.**

**§ 72.** — 2° Si les deux noms sont du féminin, l'adjectif se met au pluriel féminin. Ex. : la *mère* et la *fille* sont CONTENTES ; *mère* et *fille* sont du féminin.

**Le père et la mère sont contents.**

**§ 73.** — 3° Si les deux noms sont de différents genres, on met l'adjectif au pluriel masculin. Ex. : le *père* et la *mère* sont CONTENTS.

---

1. S'il y a *plusieurs* noms, les règles sont les mêmes.

Choisissez dans la colonne A deux noms, et dans la colonne B, un adjectif convenable, et formez des phrases sur le modèle suivant :
*Le roi et le berger sont mortels.*

| A | B |
|---|---|
| Ex. **320**. Le roi et le berger. — Le chat et le chien. — Le cerf et la biche. — L'océan et la mer. — L'âne et la mule. | Mortel. — Léger. — Ennemi. — Entêté. — Profond. |
| Ex. **321**. Le vice et la vertu. — Le soleil et l'étoile. — La musique et le dessin. — La rose et la violette.—Le roi et la reine. L'ivrognerie et la gourmandise. | Amusant.— Clément.— Contraire. — Odoriférant.— Etincelant. — Dégoûtant. |
| Ex. **322**. L'orgueil et la modestie. — L'histoire et la géographie. — L'instituteur et l'institutrice. — L'âne et le bœuf. — L'écolier et l'écolière. — La fortune et la gloire. | Intéressant. — Obéissant. — Opposé. —Savant. — Patient. Périssable. |
| Ex. **323**. Le verre[1] et le cristal[2].—Le fermier et la fermière. — La pie et la corneille. — L'abeille et la fourmi. — Le conte et la fable. — La pêche et l'abricot. | Diligent. —Zélé. — Fragile. — Amusant. — Bavard. — Succulent. |

Dans les deux morceaux suivants, faites accorder les adjectifs, en les mettant au pluriel lorsqu'il y a lieu.

### 1° L'OURS.

Ex. **324**. L'ours a l'ouïe (*fin*) et la vue (*excellent*), bien qu'il ait les oreilles (*court*) et les yeux très-(*petit*) relativement au volume de son corps. Ses narines sont fort (*grand*), et entourées d'un mufle[3] dont le cartilage[4] a une mobilité (*singulier*). Ses lèvres sont aussi très-(*mobile*). Les ours sont à la fois (*sauvage*) et (*solitaire*) ; ils fuient par instinct toute société ; ils ne se trouvent à l'aise que dans les endroits isolés qui appartiennent encore à l'(*antique*) nature.

Ex. **325**. Des cavernes (*profond*) dans des rochers (*inaccessible*), des grottes (*creusé*) par le temps dans le tronc des chênes (*séculaire*[5]), au milieu d'une forêt (*touffu*), leur servent de domicile.

---

1. **Verre**, corps fragile et transparent qu'on obtient en faisant fondre un mélange de sable et de chaux ou d'alcali.
2. **Cristal**, verre fin et très-clair.
3. **Mufle**, se dit de l'extrémité du museau de certains animaux.
4. **Cartilage**, partie blanche adhérente à l'extrémité des os; ce qu'on nomme vulgairement *croquant*.
5. Qui a cent ans ou un *siècle*.

Ils s'y retirent (*seul*) et y passent une partie de l'hiver sans provisions ; mais ils y sucent continuellement leurs pattes, dont les parties (*inférieur*) sont (*plein*) d'une liqueur (*sucré*) et (*nourrissant*). La chair de l'ours est (*mangeable*), mais comme elle est mêlée d'une graisse (*abondant*), il n'y a guère que les pieds, dont la matière est plus (*ferme*), qu'on puisse regarder comme une viande (*délicat*).

Ex. 326. La chasse de l'ours est très-(*utile*). La peau est, de toutes les fourrures (*grossier*), celle qui est la plus estimée, et la quantité d'huile que l'on tire d'un seul ours est fort (*considérable*). On met d'abord la chair et la graisse réunies, cuire dans de (*vaste*) chaudières : la graisse se sépare. Ensuite on la purifie en y jetant, lorsqu'elle est très-(*chaud*), du sel en (*grand*) quantité et de l'eau : il se fait une (*petit*) détonation, et il s'en élève une fumée (*suffocant*), qui emporte avec elle la (*mauvais*) odeur de la graisse.

Ex. 327. Lorsque la graisse est encore plus que (*tiède*), on la verse dans de (*grand*) vases où on la laisse reposer huit ou dix jours. Au bout de ce temps, on voit surnager une huile (*clair*), très-(*sain*), aussi (*agréable*) et aussi (*fin*) que la (*meilleur*) et la plus (*délicat*) huile d'olive. Quand elle se fige, elle est d'une blancheur (*éblouissant*). Les ours sont très-(*irritable*) et très-(*farouche*), et il faut toujours s'en défier, même quand ils paraissent (*obéissant*) et tout à fait apprivoisé.

### 2° PORTRAIT DE MÉROVÉE.

Ex. 328. Mérovée[1] avait fait un carnage et un massacre (*épouvantable*) des ennemis. On le voyait debout sur un (*immense*) chariot avec ses (*fidèle*) et (*brave*) compagnons d'armes qu'il surpassait de toute la tête. Au-dessus du chariot flottait une enseigne (*guerrier*), surnommée l'oriflamme. Le chariot, chargé d'(*affreuse*) dépouilles, était traîné par trois (*superbe*) taureaux dont les genoux (*puissant*) dégouttaient de sang et dont les cornes (*aigu*) portaient des lambeaux (*horrible*).

Ex. 329. Le fondateur de la (*premier*) race de nos rois avait la beauté et la fureur (*surprenant*) de ce démon de la Thrace[2] qui n'allume le feu de ses (*sanglant*) autels qu'au feu des villes

1. **Mérovée**, roi franc, fils et successeur de Clodion le Chevelu (448-457), donna son nom à la première race des rois de France.

2. **Thrace**, contrée située au sud-est de l'Europe, et qui forme une partie de la Turquie d'Europe. — *Démon*, ici, divinité fabuleuse.

(*embrasé*). Mérovée, rassasié de meurtres, contemplait (*immobile*), du haut de son char, les cadavres (*innombrable*) dont il avait jonché la plaine (*verdoyant*). Ainsi se repose le lion, après avoir déchiré un troupeau de (*timide*) brebis.

**Ex. 330.** Sa faim est apaisée; sa poitrine exhale l'odeur (*repoussant*) du carnage; il ouvre et ferme tour à tour sa gueule (*écumant*), qu'embarrassent de (*petit*) flocons de laine. Enfin il se couche au milieu des agneaux égorgés; sa crinière, humectée d'une rosée (*sanglant*), retombe des deux côtés de son cou; il croise ses griffes (*puissant*), il allonge la tête sur ses ongles (*crochu*), et, les yeux demi-fermés, il lèche encore les (*humide*) toisons étendues autour de lui.            CHATEAUBRIAND.

### L'INTÉRIEUR DE LA TERRE.

**Révision.** — Faites accorder les mots entre parenthèses.

**Ex. 331.** Si nous pénétrons dans l'intérieur de la terre, nous y trouvons des (*pierre*), des (*bitume*), des (*sable*), des (*mer*), des (*fleuve*), des (*lac*), enfin des (*matière*) de toute espèce placées comme au hasard. En examinant avec une plus (*grand*) attention, nous voyons des (*montagne*) affaissées[1], des (*rocher*) fendus et brisés, des (*contrée*) englouties, des (*île*) (*nouvelle*), des (*terrain*) submergés[2], des (*caverne*) (*comblé*). Nous trouvons des (*matière*) (*pesant*) souvent (*posé*) sur des (*matière*) (*léger*), des corps (*dur*) environnés de (*substance*) (*molle*), des (*chose*) (*sèche*), (*humide*), (*chaud*), (*froid*), (*solide*), toutes mêlées et dans une espèce de confusion[3] qui présente l'image d'un monde en ruine.

### Exercices lexicologiques.

Répondez, 1° de vive voix, 2° par écrit, aux questions suivantes:

**Ex. 332.** Qu'est-ce que la *Somme*? l'*Escaut*? la *Meuse*? la *Charente*? le *Rhin*? la *Seine*? la *Loire*? la *Garonne*? le *Rhône*?

**Ex. 333.** Qu'est-ce que les *Alpes*? le *Caucase*? le *Jura*? les *Pyrénées*? la *Lozère*? le *Tibre*? l'*Alsace*? *Strasbourg*? les *Apennins*?

#### QUESTIONNAIRE.

Comment l'adjectif s'accorde-t-il avec le nom?

Que fait-on quand un adjectif se rapporte à deux noms au singulier?

Que fait-on si l'adjectif se rapporte à plusieurs noms masculins?

Que fait-on si l'adjectif se rapporte à plusieurs noms féminins?

1. **Affaissé**, qui s'est écroulé sous son propre poids.
2. **Submergé**, englouti dans l'eau.
3. **Confusion**, trouble, mélange.

## RÉVISION DU NOM ET DE L'ADJECTIF.

Lisez les exercices suivants et indiquez les noms et les adjectifs; dites-en le genre et le nombre.

### PRIÈRE DE L'ENFANT A SON RÉVEIL.

Ex. **334.** O père qu'adore mon père !
Toi qu'on ne nomme qu'à genoux,
Toi dont le nom terrible [1] et doux
Fait courber le front de ma mère,

On dit que ce brillant soleil
N'est qu'un jouet [2] de ta puissance;
Que sous tes pieds il se balance
Comme une lampe de vermeil [3].

On dit que c'est toi qui fais naître
Les petits oiseaux dans les champs,
Et donnes aux petits enfants
Une âme aussi pour te connaître !

Ex. **335.** Aux dons que ta bonté mesure [4]
Tout l'univers est convié;
Nul insecte n'est oublié
A ce festin de la nature...

L'alouette a la graine amère
Que laisse envoler le glaneur,
Le passereau suit le vanneur [5],
Et l'enfant s'attache à sa mère.

Et, pour obtenir chaque don
Que chaque jour tu fais éclore,
A midi, le soir, à l'aurore,
Que faut-il? Prononcer ton nom !

Ex. **336.** Mon Dieu, donne l'onde aux fontaines,
Donne la plume aux passereaux
Et la laine aux petits agneaux,
Et l'ombre et la rosée aux plaines.

Donne aux malades la santé,
Au mendiant le pain qu'il pleure [6],
A l'orphelin une demeure,
Au prisonnier la liberté.

---

1. **Terrible** pour les méchants; *doux* pour les bons.
2. **Un Jouet...** Belle expression : c'est comme en se jouant que Dieu créa les merveilles de l'univers.
3. **Vermeil,** argent doré.

4. **Mesure,** distribue, donne *avec mesure,* avec sagesse.
5. Celui qui nettoie le blé en le faisant sauter dans un *van,* sorte de coquille d'osier.
6. Qu'il demande en pleurant.

Donne une famille nombreuse
Au père qui craint le Seigneur;
Donne à moi sagesse et bonheur
Pour que ma mère soit heureuse!

DE LAMARTINE.

### LE PORT DE NANTES.

Copiez les exercices suivants, en tirant un trait sous les noms au singulier,
et deux traits sous les noms au pluriel.

**Ex. 337.** Le commerce, par lequel les nations du globe échangent leurs produits, ne m'est apparu dans toute sa grandeur qu'à Nantes [1], où je vis pour la première fois des navires et tout un mouvement d'arrivée et de départ. Le long des quais de la Loire, d'immenses entrepôts renferment des balles de coton aussi hautes qu'une maison à deux étages; des navires énormes déversent dans de vastes greniers des paquets de cuirs encore bruts [2], des sacs de café, du bois de teinture [3] et de construction à faire supposer que la France est approvisionnée pour un an.

**Ex. 338.** J'apprenais que sur cinquante autres points, dans vingt ports, dans trente villes frontières, de tous les côtés, la France reçoit le même torrent de marchandises et engloutit cette effroyable quantité de provisions; que ces cuirs, ces couleurs, ces troncs d'arbres vont se métamorphoser dans nos manufactures; que chaque jour nous envoyons des navires, des convois, des ballots de marchandises fabriquées qui se vendent sur tous les marchés du globe et servent à tout le genre humain.

**Ex. 339.** On m'apprenait que le blé vient d'Amérique se faire moudre en France et qu'il y retourne pour devenir du pain; que la soie arrive de la Chine, et que, traversant les mers, elle va de nouveau faire concurrence aux tissus les plus recherchés de l'Orient; que les bois d'acajou, de palissandre et d'ébène, apportés du bout du monde [4] sous la forme de troncs d'arbres et de vieilles souches, se transforment en meubles élégants qui s'expédient de Paris jusque dans l'autre hémisphère [5].

---

1. **Nantes**, chef-lieu du département de la Loire-Inférieure.
2. **Brut**, c'est-à-dire non tanné, non encore préparé.
3. **Bois de teinture.** Certains bois ont une sève colorée en rouge, en jaune, etc. On fait bouillir ces bois réduits en copeaux et on se sert de la décoction pour la teinture des étoffes.
4. **Du globe**, c'est-à-dire de la terre entière, que l'on appelle aussi *globe terrestre*, à cause de sa forme, qui est celle d'une boule.
5. **Hémisphère**, moitié du *globe* ou de la *sphère* terrestre.

4.

### 1° LE DERVICHE[1] INSULTÉ.

*Lisez les exercices suivants; faites une liste des noms et des adjectifs,
en indiquant le genre et le nombre.*

**Ex. 340.** Le favori d'un sultan[2] jeta une pierre à un pauvre
derviche, qui lui demandait l'aumône. Le religieux n'osa rien
dire : mais il ramassa la pierre et la garda, se promettant bien
de la rejeter, tôt ou tard, à cet homme superbe[3] et cruel. Quelques
jours après, on vint lui dire que le favori était disgracié[4] ; que,
par ordre du sultan, on le promenait dans les rues, monté sur
un âne et exposé aux insultes de la populace[5].

**Ex. 341.** A cette nouvelle, le derviche courut prendre sa
pierre : mais après un moment de réflexion, il la jeta dans un
fossé profond : « Je sens à présent, dit-il, qu'il ne faut jamais se
venger. Quand notre ennemi est puissant, c'est imprudence et
folie : quand il est faible et pauvre, c'est bassesse et cruauté. »

L'abbé BLANCHET.

### 2° CE QUE COUTE DE TRAVAIL UN MORCEAU DE PAIN.

**Ex. 342.** Peu de personnes ont, je crois, considéré combien de
choses sont nécessaires pour produire et préparer ce seul objet de
notre consommation, le pain. Moi[6], pauvre matelot, réduit aux simples ressources de la nature, je pensais à ces choses
avec un découragement toujours croissant. Plus j'y pensais, plus
je voyais les difficultés se multiplier[7]; cependant je m'en occupai
depuis le moment où je recueillis ma première poignée d'épis,
jusqu'à cette dernière récolte.

**Ex. 343.** D'abord je n'avais pas de charrue pour labourer la
terre, ni de bêche pour la remuer. Je triomphai[8] de cet obstacle
en me servant d'une pelle de chêne; mais cela ne faisait qu'un
pauvre labourage[9]; et mon instrument, après m'avoir coûté plusieurs jours de peine, dura peu, parce qu'il n'était point renforcé
de fer. De plus, il remplissait fort mal son office. Cependant je
me contentai de ce que je pouvais faire avec cet instrument,

---

**1. Derviche** ou dervis, nom donné
à certains religieux musulmans.

**2. Sultan** est le nom donné par les
Turcs à leur empereur.

**3. Superbe** a ici le sens d'orgueilleux, fier.

**4. Disgracié**, c'est-à-dire avait
perdu la faveur, les bonnes grâces
du prince.

**5. Populace**, terme de mépris qui
désigne le *bas peuple.*

**6. Moi**, désigne *Robinson.* Voir le
*Cours moyen*, p. 197.

**7. Se multiplier**, c.-à-d., devenir
plus nombreuses.

**8. C.-à-d.**, je surmontai cette difficulté.

**9. Labourage.** Le labour ou labourage est une opération qui a pour
but de retourner et d'émietter le
sol, afin d'en mettre toutes les parties en contact avec l'air.

puisque je ne pouvais avoir mieux. Quand le blé fut semé, je fus obligé de gratter la terre, au lieu de l'égaliser comme on le fait avec une herse[1].

**Ex. 344.** Tandis que les épis croissaient, j'eus le loisir de penser à tout ce qui me manquait pour les défendre pendant qu'ils étaient sur pied, pour moissonner, porter ma récolte au grenier, et séparer le grain de la paille. Il me fallait aussi un moulin pour moudre le grain, un crible[2] pour passer la farine, du levain[3] et du sel pour préparer la pâte, enfin un four pour la faire cuire; et cependant je vins à bout de faire ou de remplacer toutes ces choses, et le blé devint un avantage inappréciable pour moi.

**Ex. 345.** Je n'obtins tout cela qu'avec des labeurs[4] pénibles et persévérants; mais ils étaient inévitables, et j'avais le loisir suffisant pour m'y livrer. Dans la division de mes heures, il y en avait un certain nombre que je consacrais chaque jour à ces ouvrages; et comme j'étais décidé à ne rien consommer de ma récolte présente, j'avais un an pour inventer et exécuter les ustensiles[5] exigés pour les opérations diverses par lesquelles le blé devait passer avant de pouvoir me faire du pain.        DE FOÉ.

### Exercices oraux.

**Ex. 346.** Racontez de vive voix l'anecdote intitulée « *le Derviche insulté.* »

**Ex. 347.** Racontez de vive voix, et en prose, l'anecdote intitulée « *un trait de courage maternel.* » (Page 60.)

**Ex. 348.** Racontez de vive voix, et en prose, la fable intitulée « *les deux voyageurs.* » (Page 68.)

### Exercices lexicologiques.

Répondez : 1° de vive voix, 2° par écrit, aux questions suivantes.

**Ex. 349.** Qu'entendez-vous par *échalas, mare, halle, biscuit, sentinelle, cravache, mansarde, sphère* ?

**Ex. 350.** Que signifient les mots *perruche, corneille, cartilage, résille, cordelette, horizon, populace, confusion* ?

---

1. **Herse.** Quand la terre est labourée, on promène à la surface du champ un instrument muni de pointes qui brisent les mottes de terre : c'est la *herse.*

2. **Crible,** instrument percé de trous et dont on se sert pour nettoyer le grain.

3. **Levain,** pâte qu'on laisse aigrir pour la mêler avec la farine qu'on doit pétrir. Cette pâte cause une fermentation qui fait lever le pain.

4. **Labeurs,** fatigues, travaux.

5. **Ustensiles,** se dit en général des meubles, des outils servant à notre usage ou à un métier quelconque.

# CHAPITRE III.

## DU VERBE.

**§ 74.** On a vu jusqu'ici que le nom désigne les personnes et les choses, et que l'adjectif sert à les qualifier. Ex. : *Paris beau.*

Mais ces deux mots ne suffisent pas pour exprimer une pensée complète.

Si l'on juge que la qualité de *beau* convient à *Paris,* il faut recourir à un troisième mot, et dire : *Paris est beau.* Ce troisième mot, *est,* c'est le *verbe.*

La personne ou la chose qui est l'objet du jugement s'appelle *sujet,* — (Paris).

La qualité que l'on juge convenir au sujet se nomme *attribut,* — (beau).

Le *verbe* est le mot par lequel on affirme que l'attribut convient au sujet, — (est).

**§ 75. Verbes attributifs.** — Le verbe par excellence, c'est le verbe *être.*

**§ 76.** Les autres verbes renferment en eux-mêmes le verbe *être* et un attribut ; on les nomme *verbes attributifs.*

Ainsi, quand on dit : L'enfant *court,* la pluie *tombe,* c'est comme s'il y avait : l'enfant *est courant,* la pluie *est tombant.*

**§ 77.** Il y a quatre choses à considérer dans les verbes : les *nombres,* les *personnes,* les *temps,* les *modes.*

**§ 78. Nombres.** — La langue française a *deux nombres* pour les verbes comme pour les noms : le *singulier,* quand il s'agit d'une seule personne ou d'une seule chose : *Je lis, l'enfant dort;* le *pluriel,* quand il s'agit de plusieurs personnes ou de plusieurs choses : *Nous lisons, les enfants dorment.*

**§ 79. Personnes.** — Il y a *trois personnes* dans

les verbes, et ces personnes sont indiquées par les noms ou les pronoms.

*Je, nous,* marquent la *première* personne, c'est-à-dire celle qui parle : *je lis, nous lisons.*

*Tu, vous,* marquent la *seconde* personne, c'est-à-dire celle à qui l'on parle : *tu lis, vous lisez.*

*Il, elle,* ou un nom au singulier ; *ils, elles,* ou un nom au pluriel, marquent la *troisième* personne, c'est-à-dire celle dont on parle : *Il* ou *elle* lit, *l'enfant* lit ; *ils* ou *elles* lisent, *les enfants* lisent.

**§ 80. Temps.** — Il y a *trois temps :*

Le *présent,* qui marque que la chose *est* ou *se fait* au moment de la parole, comme *je lis.*

Le *passé,* qui marque que la chose *a été faite,* comme *j'ai lu.*

Le *futur,* qui marque que la chose *sera* ou *se fera,* comme *je lirai.*

**§ 81.** Il y a cinq sortes de passé ou parfait : l'*imparfait,* le *passé défini,* le *passé indéfini,* le *passé antérieur,* et le *plus-que-parfait.*

**§ 82.** Il y a deux futurs : le *futur simple* et le *futur antérieur.*

**§ 83. Modes.** — Il y a six modes en français : l'*indicatif,* le *conditionnel,* l'*impératif,* le *subjonctif,* l'*infinitif,* le *participe.*

**§ 84. Conjugaisons.** — Réciter de suite les différents modes d'un verbe avec tous leurs temps, leurs nombres et leurs personnes, cela s'appelle *conjuguer.*

**§ 85.** Il y a quatre conjugaisons, que l'on distingue par la terminaison du présent de l'infinitif.

La première conjugaison a le présent de l'infinitif terminé en **er,** comme *aim* **er.** — La deuxième, en **ir,** comme *fin* **ir.** — La troisième, en **oir,** comme *recev* **oir.** — La quatrième, en **re,** comme *rend* **re.**

**§ 86. Auxiliaires.** — Il y a deux verbes *auxiliaires,* qui sont l'auxiliaire *avoir* et l'auxiliaire *être.*

On les appelle verbes *auxiliaires,* parce qu'ils *aident* à conjuguer tous les autres.

**§ 87.** On reconnaît qu'un mot est un verbe quand on peut y ajouter les pronoms *je, tu, il, nous, vous, ils.* Ainsi le mot *lire* est un verbe, parce qu'on peut dire *je lis, tu lis, il lit, nous lisons, vous lisez, ils lisent.*

---

### LE GRONDEUR.

#### Copiez et mettez les verbes entre des parenthèses.

**Ex. 351.** « Bourreau![1] me forceras-tu toujours de frapper deux fois à la porte? — Monsieur, je travaillais au jardin. Au premier coup de marteau, j'ai couru si vite que je suis tombé en chemin. — Je voudrais que tu te fusses rompu le cou. Que ne laisses-tu la porte ouverte? — Eh! Monsieur, vous me grondâtes hier parce qu'elle l'était. Quand elle est ouverte, vous vous fâchez; quand elle est fermée, vous vous fâchez aussi. Je ne sais plus comment faire.

**Ex. 352.** Comment faire? coquin! — Oh! çà, Monsieur, quand vous êtes sorti, voulez-vous que je laisse la porte ouverte? — Non. — Voulez-vous que je la tienne fermée? — Non. — Encore faut-il, Monsieur... — Te tairas-tu? — Monsieur, je me ferais hacher; il faut qu'une porte soit ouverte ou fermée: comment la voulez-vous? — Je la veux..., je la... mais voyez ce maraud. Est-ce à un valet à me faire des questions?

**Ex. 353.** As-tu balayé l'escalier? — Oui, Monsieur, depuis le haut jusqu'en bas. — Et la mule, lui as-tu donné l'avoine? — — Oui, Monsieur; Guillaume y était présent. — Et mes lettres, les as-tu portées à la poste? — Je n'ai eu garde d'y manquer. — Je t'ai défendu cent fois de racler ton maudit violon; cependant j'ai entendu ce matin... — Ce matin! ne vous souvient-il pas que vous le mîtes hier en mille pièces?

**Ex. 354.** Je gagerais que ces deux cordes de bois[2] sont encore... — Elles sont logées. Depuis cela, j'ai aidé à Guillaume à mettre dans le grenier une charretée de foin, j'ai arrosé tous les arbres du jardin, j'ai nettoyé les allées, j'ai bêché trois planches, et j'achevais l'autre quand vous avez frappé. — Oh! il faut que je chasse ce coquin-là. Il me ferait mourir de chagrin. Hors d'ici! — Que diable a-t-il mangé?

---

1. **Bourreau,** terme injurieux qui signifie « persécuteur. » C'est comme si le maître disait au valet : « Tu me mets au supplice. »

2. **Corde de bois.** Ancienne mesure en usage avant l'établissement du système métrique. La corde de bois équivaut à quatre stères.

## LE LABOUREUR ET SES ENFANTS.

Copiez les exercices suivants, et soulignez les verbes.

**Ex. 355.** Travaillez, prenez de la peine :
C'est le fonds qui manque le moins [1].

Un riche laboureur, sentant sa mort prochaine,
Fit venir ses enfants, leur parla sans témoins.
« Gardez-vous, leur dit-il, de vendre l'héritage
Que nous ont laissé nos parents :
Un trésor est caché dedans.
Je ne sais pas l'endroit ; mais un peu de courage
Vous le fera trouver : vous en viendrez à bout.

**Ex. 356.** Remuez votre champ dès qu'on aura fait l'oût [2] :
Creusez, fouillez, bêchez ; ne laissez nulle place
Où la main ne passe et repasse. »
Le père mort, les fils vous retournent le champ,
Deçà, delà, partout ; si bien qu'au bout de l'an
Il en rapporta davantage.
D'argent [3], point de caché. Mais le père fut sage
De leur montrer, avant sa mort,
Que le travail est un trésor.

LA FONTAINE.

## Exercices oraux.

**Ex. 357.** Racontez de vive voix la fable intitulée « le Laboureur et ses Enfants. »

**Ex. 358.** Racontez de vive voix, d'après le récit de De Foé (page 82), ce qui est nécessaire pour faire un morceau de pain.

### QUESTIONNAIRE.

Qu'est-ce que le verbe ?
Qu'est-ce que le sujet ?
Qu'est-ce que l'attribut ?
Quel est le verbe par excellence ?
Qu'est-ce qu'un verbe attributif ?
Combien y a-t-il de choses à considérer dans les verbes ?
Combien y a-t-il de nombres ?
Combien y a-t-il de personnes ?
Combien y a-t-il de temps ?
En combien de temps divise-t-on le passé ?
Qu'appelle-t-on conjuguer ?
Combien y a-t-il de conjugaisons ?
Comment distingue-t-on les conjugaisons ?
Combien y a-t-il de verbes auxiliaires ?
Pourquoi les nomme-t-on ainsi ?
Comment reconnaît-on qu'un mot est un verbe ?

---

1. **Tous les fonds,** c.-à-d., l'argent, les fonds de commerce, etc., peuvent nous *manquer,* c.-à-d., nous être enlevés ou ne nous être d'aucun rapport. Le travail, au contraire, porte toujours ses fruits. Il est donc le fonds qui manque le moins.

2. **Faire l'oût** (*l'août*), c.-à-d., la moisson, qui se fait au mois d'août dans le nord de la France. La Fontaine était de Château-Thierry, dans l'Aisne.

3. C.-à-d., il n'y avait point d'argent caché.

## § 88. — *Verbe auxiliaire* AVOIR.

### Mode Indicatif.

**TEMPS SIMPLES.**  **TEMPS COMPOSÉS.**

#### PRÉSENT.

S. J'  ai.
Tu  as.
Il *ou* elle  a.
P. Nous  avons.
Vous  avez.
Ils *ou* elles ont.

#### PASSÉ INDÉFINI.

S. J'ai  eu.
Tu as  eu.
Il *ou* elle a  eu.
P. Nous avons  eu.
Vous avez  eu.
Ils *ou* elles ont  eu.

#### IMPARFAIT.

S. J'  avais.
Tu  avais.
Il *ou* elle  avait.
P. Nous  avions.
Vous  aviez.
Ils *ou* elles avaient.

#### PLUS-QUE-PARFAIT.

S. J'avais  eu.
Tu avais  eu.
Il *ou* elle avait  eu.
P. Nous avions  eu.
Vous aviez  eu,
Ils *ou* elles avaient  eu.

#### PASSÉ DÉFINI.

S. J'  eus.
Tu  eus.
Il *ou* elle  eut.
P. Nous  eûmes.
Vous  eûtes.
Ils *ou* elles eurent.

#### PASSÉ ANTÉRIEUR.

S. J'eus  eu.
Tu eus  eu.
Il *ou* elle eut  eu.
P. Nous eûmes  eu.
Vous eûtes  eu.
Ils *ou* elles eurent  eu.

#### FUTUR.

S. J'  aurai.
Tu  auras.
Il *ou* elle  aura.
P. Nous  aurons.
Vous  aurez.
Ils *ou* elles auront.

#### FUTUR ANTÉRIEUR.

S. J'aurai  eu.
Tu auras  eu.
Il *ou* elle aura  eu.
P. Nous aurons  eu.
Vous aurez  eu.
Ils *ou* elles auront  eu.

## Mode Conditionnel.

PRÉSENT.

S. J'          aurais.
Tu            aurais.
Il *ou* elle   aurait.
P. Nous        aurions.
Vous          auriez.
Ils *ou* elles auraient.

PASSÉ (1re forme).

S. J'aurais          eu.
Tu aurais           eu.
Il *ou* elle aurait   eu.
P. Nous aurions       eu.
Vous auriez          eu.
Ils *ou* elles auraient eu.

PASSÉ (2e forme).

J'eusse        eu.
Tu eusses      eu.
Il *ou* elle eût eu.

Nous eussions        eu.
Vous eussiez         eu.
Ils *ou* elles eussent eu.

## Mode Impératif.

S. 2e *pers.* Aie.

P. 1re *pers.* Ayons.
2e *pers.* Ayez.

## Mode Subjonctif.

PRÉSENT.

S. Que j'           aie.
Que tu            aies.
Qu'il *ou* qu'elle  ait.
P. Que nous         ayons.
Que vous          ayez.
Qu'ils *ou* qu'elles aient.

PASSÉ.

S. Que j'aie          eu.
Que tu aies          eu.
Qu'il *ou* qu'elle ait eu.
P. Que nous ayons      eu.
Que vous ayez         eu.
Qu'ils *ou* qu'elles aient eu.

IMPARFAIT.

S. Que j'           eusse.
Que tu            eusses.
Qu'il *ou* qu'elle  eût.
P. Que nous         eussions.
Que vous          eussiez.
Qu'ils *ou* qu'elles eussent.

PLUS-QUE-PARFAIT.

S. Que j'eusse          eu.
Que tu eusses          eu.
Qu'il *ou* qu'elle eût    eu.
P. Que nous eussions      eu.
Que vous eussiez         eu.
Qu'ils *ou* qu'elles eussent eu.

## Mode Infinitif.

PRÉSENT.

Avoir.

PASSÉ.

Avoir eu.

## Mode Participe.

PRÉSENT.

Ayant.

PASSÉ.

Eu, eue, ayant eu.

## Règles d'accord du verbe avec le sujet.

§ 89. Tout verbe s'accorde en nombre et en personne avec son sujet.

Ex. : *Je parle ;* — *parle* est au singulier et à la première personne, parce que *je*, sujet, est au singulier et à la première personne.

*Ils parlent ;* — *parlent* est au pluriel et à la troisième personne, parce que le sujet *ils* est au pluriel et à la troisième personne.

§ 90. Quand un verbe a deux sujets au singulier, on met ce verbe au pluriel, parce que deux singuliers valent un pluriel.

Ex. : Mon frère et ma sœur *lisent* ; Pierre et Paul *jouent*.

---

### Exercices sur l'auxiliaire *AVOIR*.

**Ex. 359.** Mettez les verbes suivants à la 1re personne du pluriel.
Écrivez : *Nous avons.*

| | | | |
|---|---|---|---|
| J'ai. | J'eus eu. | J'aurais. | Que j'eusse. |
| J'avais. | J'avais eu. | J'aurais eu. | Que j'aie eu. |
| J'eus. | J'aurai. | J'eusse eu. | Que j'eusse eu. |
| J'ai eu. | J'aurai eu. | Que j'aie. | Aie. |

**Ex. 360.** Mettez les verbes suivants à la 3e personne du pluriel.
Écrivez : *Ils ont.*

| | | | |
|---|---|---|---|
| Il a. | Il eut eu. | Il aurait. | Qu'il eût. |
| Il avait. | Il avait eu. | Il aurait eu. | Qu'il ait eu. |
| Il eut. | Il aura. | Il eût eu. | Qu'il eût eu. |
| Il a eu. | Il aura eu. | Qu'il ait. | Il eût. |

**Ex. 361.** Mettez les verbes suivants à la 2e personne du singulier.
Écrivez : *Tu as.*

| | | |
|---|---|---|
| Vous avez. | Vous aviez eu. | Vous eussiez eu. |
| Vous aviez. | Vous aurez. | Que vous ayez. |
| Vous eûtes. | Vous aurez eu. | Que vous eussiez. |
| Vous avez eu. | Vous auriez. | Que vous ayez eu. |
| Vous eûtes eu. | Vous auriez eu. | Que vous eussiez eu. |

Copiez les exercices suivants, et mettez au pluriel les mots en *italique*.

**Ex. 362.** *L'homme a* une âme et un corps. — *Le Français a* du courage, *l'Anglais a* de la ténacité. — Si *tu as* de la valeur, Dieu le verra bien. — *Aie* de la patience, et *tu auras* plus de force. — *Tu auras* du bonheur, si *tu as* peu de désirs. —

*L'homme aurait* une existence supportable, s'*il avait* des désirs plus modestes.

Ex. **363.** *L'étoile a* un éclat très-vif. — *L'homme a* plus de désirs que de vrais besoins. — *La rivière a sa source* au pied *de la montagne.* — *La vertu aura* un jour *sa récompense.* — *L'avare aurait* tous les biens de ce monde, qu'*il n'en aurait* pas encore assez. — *J'aurais* plus de courage si *j'avais* encore de l'espérance.

Copiez les exercices suivants, et mettez au singulier les mots en *italique.*

Ex. **364.** *Les méchants auront* un jour *leur* châtiment. — Si *vous avez* un talent véritable, *vous aurez* de la réputation. — *Ayez* bon courage, et Dieu *vous* aidera. — *Les bêtes n'ont* que de l'instinct[1]; *les hommes ont* la raison. — *Les meilleurs ouvrages des hommes auront* toujours *quelques défauts.* — Il faut que *les laboureurs aient* beaucoup de diligence. — Dieu voulait que *les hommes eussent* un bonheur parfait.

Ex. **365.** Il faut que *nous ayons* peu d'ambition, mais il est nécessaire que *nous ayons* un grand amour pour le bien. — *Les bergers auront* des chiens vigilants, car il faut qu'*ils aient* des aides assidus. — Pour que *les hommes eussent* un bonheur complet, il faudrait qu'*ils eussent* une sagesse parfaite. — Que *nos amis n'aient* jamais lieu de soupçonner notre fidélité.

L'ANE.

**Présent de l'indicatif.** — Mettez au pluriel, dans les exercices suivants, les mots indiqués.

Ex. **366.** Sans doute *l'âne* n'a point la noblesse du cheval[2]; mais *il a ses qualités.* L'âne *a* la patience, *il a* la sobriété[3] en partage. *Il a* enfin toutes les qualités de *sa* nature; et s'*il* n'a pas le premier rang parmi nos animaux domestiques[4], *il a* certainement le second. *Il a* même *la jambe* plus *sèche* et plus *nette* que *le cheval.*

Ex. **367.** Dans *sa* première jeunesse, *il a* de la légèreté et de la gentillesse. *Il a* en outre l'œil bon, *le pied sûr,* l'oreille *excellente.* Sans doute *il n'a pas* la majestueuse allure[5] *du cheval*; mais *il n'a pas* non plus les mêmes besoins. En un mot, *il a* son utilité, et, à ce titre, *il a* droit à tous nos égards.

(*Ext. de* BUFFON.)

Ex. : **368.** Mettez les exercices précédents à la 2e personne du singulier du présent de l'indicatif. Écrivez : Un fermier disait à son âne : Si *tu n'as* point la noblesse du cheval, *tu...,* etc.

1. **Instinct.** L'homme est un être doué d'*intelligence;* l'animal n'a que l'*instinct,* mouvement naturel auquel il obéit sans aucune réflexion.

2. **Cheval,** fait *chevaux* au pluriel.

3. **Sobriété,** tempérance dans le boire et dans le manger.

4. **Domestique,** c.-à-d., apprivoisé.

5. **Allure,** c'est-à-dire *démarche,* façon de marcher.

Ex. : **369.** Mettez les exercices précédents à la 3ᵉ personne du pluriel du même temps. Écrivez : Des fermiers disaient à leurs ânes : *Si vous n'avez pas...*, etc.

Ex. : **370.** Mettez les mêmes exercices à la 1ʳᵉ personne du singulier. Écrivez : Un âne disait : Si *je n'ai pas...*, etc.

Ex. : **371.** Mêmes exercices à la 1ʳᵉ personne du pluriel. Écrivez : Des ânes disaient : Si *nous n'avons pas...*, etc.

Ex. **372. Imparfait de l'indicatif.** — Mettez les verbes soulignés à l'imparfait de l'indicatif, 3ᵉ personne du singulier.

Charlemagne[1] *a* toutes les qualités qui font un grand roi. Il *a* une piété éclairée[2] ; il *a* un grand courage ; il *a* un esprit élevé. Il *a* aussi beaucoup de goût pour l'étude et une grande affection pour les savants.

Mettez les verbes aux autres personnes de l'indicatif imparfait, et écrivez

Ex. : **373.** Charlemagne et Louis XIV *avaient* toutes les qualités...

Ex. : **374.** Charlemagne mourant pouvait dire : *J'avais...* toutes les qualités.

Ex. : **375.** Charlemagne et Louis XIV mourants pouvaient dire : *Nous avions...*, etc.

Ex. : **376.** Un historien peut dire de Charlemagne : Puissant empereur, tu *avais...*, etc.

Ex. : **377.** Un historien peut dire de Charlemagne : Puissant empereur, vous *aviez...*, etc.

Ex. : **378-383. Passé défini.** — Mettez les 6 exercices précédents au passé défini, et écrivez : Charlemagne *eut...*, etc. Charlemagne et Louis XIV *eurent...*, etc.

Ex. : **384-389.** Mettez les verbes de ces 6 exercices au passé indéfini.

Ex. : **390-395.** Mettez les verbes de ces 6 exercices au passé antérieur.

Ex. : **396-401.** Mettez les verbes de ces 6 exercices au plus-que-parfait.

Ex. : **402-407.** Mettez les verbes de ces 6 exercices au futur antérieur.

Ex. **408. Futur simple.** — Évidemment, le bon élève n'*a* pas toutes les perfections. Nous savons bien qu'aucun homme n'est absolument irréprochable. Mais il *a* de la docilité : *il a* du goût pour le travail ; *il a* un grand respect pour *ses* maîtres. En un mot, *il a* toutes les qualités qui rendent la jeunesse aimable.

Ex. : **409.** 1° Copiez l'exercice 408 en mettant les verbes en *italique* à la 3ᵉ pers. du sing. du futur simple.

Ex. : **410.** 2° Mettez les verbes à la 3ᵉ pers. plur. du futur. Écrivez : Évidemment, les bons élèves...

Ex. : **411.** 3° Un élève dit : Évidemment, *je n'aurai pas...* Mettez les verbes à la 1ʳᵉ personne du singulier du futur.

Ex. : **412.** 4° Deux élèves disent : Évidemment, *nous n'aurons pas.* Mettez les verbes à la 1ʳᵉ personne du pluriel.

Ex. : **413.** 5° Un père dit à son fils : Évidemment, *tu n'auras pas....* Mettez les verbes à la 2ᵉ personne du singulier.

---

**1.** Charlemagne ou Charles Iᵉʳ, fils de Pépin, roi de France et empereur d'Occident (748-814).

**2.** Une piété éclairée, c'est-à-dire une piété exempte de superstitions, de croyances fausses.

Ex. : **414.** 6° Un père dit à ses fils : Évidemment, *vous n'aurez pas...*

Ex. : **415-420. Conditionnel présent.** — Faites chacun des six exercices précédents, en remplaçant le *futur* par le *conditionnel*.

**Subjonctif présent.** — Copiez l'exercice suivant en remplaçant le trait — par la 3ᵉ personne du singulier du subjonctif présent de *avoir*.

Ex. **421.** Pour plaire à ses maîtres, il faut que *l'élève* — de la docilité, il faut qu'il — de l'exactitude. Il est nécessaire aussi qu'il — un grand désir de s'instruire. Surtout il ne faut pas qu'il — cette légèreté ni cette négligence qui ne peuvent lui permettre de faire des progrès.

Ex. : **422.** Remplacez *l'élève* par *les élèves* et mettez les verbes à la 3ᵉ personne du pluriel.

Ex. : **423.** Remplacez *l'élève* par *tu*, et faites les changements nécessaires.

Ex. : **424.** Remplacez *l'élève* par *vous*, et faites les changements nécessaires.

Ex. : **425.** Remplacez *l'élève* par *je*, et faites les changements nécessaires.

Ex. : **426.** Remplacez *l'élève* par *nous*, et faites les changements nécessaires.

Ex. : **427-432. Parfait du subjonctif.** — Faites chacun des six exercices précédents en remplaçant le *présent*, par le *parfait* du subjonctif.

Ex. **433. Imparfait du subjonctif.** — Copiez l'exercice suivant en remplaçant le trait — par la 3ᵉ personne du sing. de l'imparfait du subjonctif.

Pour qu'Épaminondas pût supporter si patiemment les injustices de ses concitoyens, il fallait qu'il — une grande âme; il fallait qu'il — une patience singulière. Il était nécessaire aussi qu'il — constamment présentes à sa mémoire les leçons de ses maîtres. Il fallait, en un mot, qu'il — toutes les qualités qui font le grand citoyen.

Ex. : **434.** Mettez les verbes à la 3ᵉ personne du pluriel, et écrivez : Pour qu'Epaminondas et Aristide pussent...

Ex. : **435.** Mettez les verbes à la 1ʳᵉ personne du singulier. Écrivez : Epaminondas dit à ses juges : Pour que je pusse supporter patiemment..., il fallait que j'eusse une grande...

Ex. : **436.** Mettez les verbes à la 1ʳᵉ personne du pluriel. Écrivez : Epaminondas et Aristide disaient : Pour que nous pussions..., il fallait que nous..., etc.

Ex. : **437.** Mettez les verbes à la 2ᵉ pers. du singulier. Écrivez : Epaminondas, pour que tu pusses supporter..., il fallait que tu...

Ex. : **438.** Mettez les verbes à la 2ᵉ personne du pluriel. Écrivez : Epaminondas et Aristide, pour que vous pussiez..., il fallait que vous....

Ex. : **439-444. Plus-que-parfait du subjonctif.** — Faites les six exercices précédents en remplaçant *il fallait, il était nécessaire*, par *il eût fallu, il eût été nécessaire*, et mettez les verbes au *plus-que-parfait du subjonctif*.

### QUESTIONNAIRE.

| | |
|---|---|
| Conjuguez le verbe *avoir* aux temps simples. | son sujet? |
| Conjuguez-le aux temps composés. | Que fait-on quand un verbe a deux sujets au singulier? |
| Comment le verbe s'accorde-t-il avec | Citez des exemples. |

# § 91. — *Verbe auxiliaire* ÊTRE.

## Mode Indicatif.

**TEMPS SIMPLES.**

### PRÉSENT.

S. Je        suis.
Tu        es.
Il *ou* elle    est.
P. Nous      sommes.
Vous       êtes.
Ils *ou* elles   sont.

### IMPARFAIT.

S. J'         étais.
Tu        étais.
Il *ou* elle   était.
P. Nous      étions.
Vous       étiez.
Ils *ou* elles   étaient.

### PASSÉ DÉFINI.

S. Je        fus.
Tu        fus.
Il *ou* elle   fut.
P. Nous      fûmes.
Vous       fûtes.
Ils *ou* elles   furent.

### FUTUR.

S. Je        serai.
Tu        seras.
Il *ou* elle   sera.
P. Nous      serons.
Vous       serez.
Ils *ou* elles   seront.

**TEMPS COMPOSÉS.**

### PASSÉ INDÉFINI.

S. J'ai        été.
Tu as       été.
Il *ou* elle a   été.
P. Nous avons   été.
Vous avez     été.
Ils *ou* elles ont   été.

### PLUS-QUE-PARFAIT.

S. J'avais      été.
Tu avais      été.
Il *ou* elle avait   été.
P. Nous avions   été.
Vous aviez     été.
Ils *ou* elles avaient   été.

### PASSÉ ANTÉRIEUR.

S. J'eus       été.
Tu eus       été.
Il *ou* elle eut   été.
P. Nous eûmes   été.
Vous eûtes     été.
Ils *ou* elles eurent   été.

### FUTUR ANTÉRIEUR.

S. J'aurai      été.
Tu auras      été.
Il *ou* elle aura   été.
P. Nous aurons   été.
Vous aurez     été.
Ils *ou* elles auront   été.

## Mode Conditionnel.

<table>
<tr><td colspan="2">PRÉSENT.</td><td colspan="3">PASSÉ (1<sup>re</sup> forme).</td></tr>
</table>

| | | | | | |
|---|---|---|---|---|---|
| S. | Je | serais. | S. | J'aurais | été. |
| | Tu | serais. | | Tu aurais | été. |
| | Il *ou* elle | serait. | | Il *ou* elle aurait | été. |
| P. | Nous | serions. | P. | Nous aurions | été. |
| | Vous | seriez. | | Vous auriez | été. |
| | Ils *ou* elles seraient. | | | Ils *ou* elles auraient | été. |

PASSÉ (2<sup>e</sup> forme).

| | |
|---|---|
| J'eusse été. | Nous eussions été. |
| Tu eusses été. | Vous eussiez été. |
| Il *ou* elle eût été. | Ils *ou* elles eussent été. |

## Mode Impératif.

| | |
|---|---|
| S. 2<sup>e</sup> *pers.* Sois. | P. 1<sup>re</sup> *pers.* Soyons. |
| | 2<sup>e</sup> *pers.* Soyez. |

## Mode Subjonctif.

PRÉSENT.  /  PASSÉ.

| | | | | | |
|---|---|---|---|---|---|
| S. | Que je | sois. | S. | Que j'aie | été. |
| | Que tu | sois. | | Que tu aies | été. |
| | Qu'il *ou* qu'elle | soit. | | Qu'il *ou* qu'elle ait | été. |
| P. | Que nous | soyons. | P. | Que nous ayons | été. |
| | Que vous | soyez. | | Que vous ayez | été. |
| | Qu'ils *ou* qu'elles soient. | | | Qu'ils *ou* qu'elles aient | été. |

IMPARFAIT.  /  PLUS-QUE-PARFAIT.

| | | | | | |
|---|---|---|---|---|---|
| S. | Que je | fusse. | S. | Que j'eusse | été. |
| | Que tu | fusses. | | Que tu eusses | été. |
| | Qu'il *ou* qu'elle | fût. | | Qu'il *ou* qu'elle eût | été. |
| P. | Que nous | fussions. | P. | Que nous eussions | été. |
| | Que vous | fussiez. | | Que vous eussiez | été. |
| | Qu'ils *ou* qu'elles fussent. | | | Qu'ils *ou* qu'elles eussent été. | |

## Mode Infinitif.

| PRÉSENT. | PASSÉ. |
|---|---|
| Être. | Avoir été. |

## Mode Participe.

| PRÉSENT. | PASSÉ. |
|---|---|
| Étant. | Été, ayant été. |

### Accord de l'attribut avec le sujet.

**§ 92.** L'adjectif qui suit le verbe *être* se nomme *attribut*.

**§ 93.** L'attribut s'accorde en genre et en nombre avec le sujet. Ex. : Pierre est *bon*, Marie est *bonne*.

L'attribut *bon* est au masculin et au singulier, parce que le sujet *Pierre* est du masculin et du singulier. — L'attribut *bonne* est au féminin et au singulier, parce que le sujet *Marie* est du féminin et du singulier.

**§ 94.** Quand l'attribut se rapporte à plusieurs sujets, il se met au pluriel et prend le genre des sujets

Ex. : Le père et le fils sont *bons*.

La mère et la fille sont *bonnes*.

**§ 95.** Si les sujets sont de genres différents, l'attribut se met au pluriel masculin.

Ex. : Le frère et la sœur sont *contents*.

Le tigre et la panthère sont *cruels*.

La vertu et le vice sont *opposés*.

---

### Exercices sur l'auxiliaire *ÊTRE*.

**Ex. 445.** Mettez à la 1re personne du pluriel. Ex. : *Nous sommes.*

| | | |
|---|---|---|
| Je suis. | J'avais été. | J'eusse été. |
| J'étais. | Je serai. | Que je sois. |
| Je fus. | J'aurai été. | Que je fusse. |
| J'ai été. | Je serais. | Que j'aie été. |
| J'eus été. | J'aurais été. | Que j'eusse été. |

**Ex. 446.** Mettez à la 2e personne du pluriel. Ex. : *Vous êtes.*

| | | |
|---|---|---|
| Tu es. | Tu avais été. | Tu eusses été. |
| Tu étais. | Tu seras. | Que tu sois. |
| Tu fus. | Tu auras été. | Que tu fusses. |
| Tu as été. | Tu serais. | Que tu aies été. |
| Tu eus été. | Tu aurais été. | Que tu eusses été. |

**Ex. 447.** Mettez à la 3e personne du pluriel. Ex. : *Ils sont.*

| | | |
|---|---|---|
| Il est. | Il avait été. | Il eût été. |
| Il était. | Il sera. | Qu'il soit. |
| Il fut. | Il aura été. | Qu'il fût. |
| Il a été. | Il serait. | Qu'il ait été. |
| Il eut été. | Il aurait été. | Qu'il eût été. |

**Ex. 448.** Mettez le singulier au lieu du pluriel. **Ex. :** *Tu serais.*

| | | |
|---|---|---|
| Vous seriez. | Nous étions. | Que nous soyons. |
| Vous êtes. | Nous serons. | Que vous fussiez. |
| Ils étaient. | Ils seront. | Nous serions. |
| Nous fûmes. | Ils seraient. | Vous avez été. |
| Ils ont été. | Nous sommes. | Vous serez. |

**Ex. 449.** Mettez le singulier au lieu du pluriel, et le pluriel au lieu du singulier. **Ex. :** *Ils sont.*

| | | |
|---|---|---|
| Il est. | J'avais été. | Nous aurions été. |
| Nous sommes. | Nous serons. | Sois. |
| Il était. | Il sera. | Que tu sois. |
| Ils furent. | Nous aurons été. | Qu'il fût. |
| Nous avons été. | Tu serais. | Que nous ayons été. |

Copiez les exercices suivants, et mettez au futur simple les verbes en italique. MODÈLE : *Je suis* brave. Écrivez : *Je serai* brave.

**Ex. 450.** Je *suis* brave. — Tu *es* riche. — Il *est* mortel. — Elle *est* pauvre. — Nous *sommes* contents. — Vous *êtes* forts. — Ils *sont* robustes. — Elles *sont* faibles. — L'histoire *est* intéressante. — Les âmes *sont* immortelles.

**Ex. 451.** Tu *es* content. — Je *suis* heureux. — Il *est* innocent. — Elle *est* blâmable. — L'hiver *est* froid. — Nous *sommes* riches. — Vous *êtes* pauvres. — Les avares *sont* malheureux. — Les fermières *sont* laborieuses.

**Ex. 452-453.** Copiez les deux exercices précédents, et mettez les verbes au futur antérieur. MODÈLE : *J'aurai été* brave.

Copiez les exercices suivants, et mettez au *conditionnel simple* les verbes soulignés.

**Ex. 454.** Je *suis* avide de gloire. — Il *est* satisfait. — Tu *es* jaloux du bonheur de ton prochain. — Le sol *est* fertile. — Elle *est* laborieuse. — La vigne *est* féconde. — Nous *sommes* mécontents. — Vous *êtes* aimables. — Ils *sont* injustes. — Les jugements *sont* équitables. — Les chaleurs *sont* malsaines.

**Ex. 455.** Le moineau *est* gourmand. — Tu *es* obéissant. — Il *est* indocile. — Elle *est* laborieuse. — La fourmi *est* économe. — Nous *sommes* prodigues. — Vous *êtes* médisants. — Les ânes *sont* entêtés. — Les vents *sont* violents. — Le chien *est* fidèle.

Ajoutez « *il faut que* » devant chacune des phrases suivantes, et mettez les verbes au présent du subjonctif.

**Ex. 456.** Je *suis* sage. — Tu *es* humble. — Il *est* juste. — Elle *est* modeste. — Le chien *est* vigilant. — Nous *sommes* diligents et laborieux. — Vous *êtes* studieux. — Les élèves *sont* dociles. — Le maître *est* savant.

**Ex. 457.** Tu *es* vertueux. — Le cœur *est* pur. — Le riche *est* généreux. — Les devoirs *sont* corrects [1]. — La leçon *est* sue. — Nous *sommes* économes [2]. — Vous *êtes* habiles. — Les enfants *sont* dociles. — Les soldats *sont* braves.

**Ex. 458-459.** Ajoutez : « *Il fallait que* » devant les phrases précédentes, et mettez les verbes à l'*imparfait du subjonctif.*

### L'ÉCUREUIL.

**Présent de l'indicatif.** — 1° Remplacez le trait ⌐ par la 3° pers. du sing. du verbe *être.*

**Ex. 460.** *L'écureuil — un joli petit animal. Il n'— qu'à demi-sauvage, et par sa gentillesse et son innocence, il — digne d'être épargné. Il n'— ni carnassier ni nuisible ; il — propre, leste, vif ; il a les yeux pleins de feu et il — orné d'une belle queue en forme de panache.*

**Ex. 461.** *Il —, pour ainsi dire, moins quadrupède que les autres animaux. Il — trop léger pour marcher, et, au lieu de se tenir caché sous terre, il — toujours en l'air. En tout temps, il — très-éveillé. Il a la voix éclatante ; il a aussi un petit grognement, qui se fait entendre quand il — mécontent ou irrité.*

BUFFON.

**Ex. 462.** 2° Mettez les verbes à la 3° pers. du pluriel. « Les écureuils sont... »

**Ex. : 463.** 3° L'écureuil fait son portrait : Je suis un petit animal..., etc. Mettez les verbes à la 1re personne du singulier.

**Ex. : 464.** 4° Les écureuils font leur portrait : Nous sommes de jolis..., etc. Mettez les verbes à la 1re personne du pluriel.

**Ex. : 465.** 5° Un enfant dit à l'écureuil : Tu es un joli...

**Ex. : 466.** 6° Un enfant dit aux écureuils : Vous êtes de jolis...

**Ex. : 467. Imparfait de l'indicatif.** — (L'écureuil fait son portrait.) Ecrivez : J'étais autrefois un joli petit...

**Ex. : 468.** 2° Les écureuils font leur portrait. Écrivez : Nous étions autrefois..

**Ex. : 469.** 3° Un enfant dit de son écureuil : Mon écureuil était...

**Ex. : 470.** 4° Un enfant dit de ses écureuils : Mes écureuils étaient...

**Ex. : 471.** 5° Un enfant dit à son écureuil : Tu étais autrefois...

**Ex. : 472.** 6° Un enfant dit à ses écureuils : Vous étiez autrefois...

**Passé défini.** — **Ex. 473-478.** Faites pour le passé défini les mêmes exercices que pour l'imparfait.

**Futur.** — **Ex. 479-484.** Faites pour le futur simple les mêmes exercices que pour l'imparfait.

**Conditionnel.** — **Ex. 485-490.** Faites pour le conditionnel présent les mêmes exercices que pour l'imparfait.

---

1. **Corrects**, c'est-à-dire conformes aux règles, exempts de fautes.　　2. **Econome**, celui qui est ménager de son bien.

Conjuguez les temps simples du verbe *être.*

Conjuguez les temps composés du verbe *être.*

Comment se nomme l'adjectif qui suit le verbe *être?*

Comment s'accorde l'attribut?

Que fait-on quand l'attribut se rapporte à plusieurs sujets?

Que fait-on si l'attribut se rapporte à des sujets de genres différents?

---

## VERBES ATTRIBUTIFS.

### DE LA FORMATION DES TEMPS.

**§ 96.** On distingue dans les verbes les *temps primitifs* et les *temps dérivés.*

Les *temps primitifs* sont ceux qui servent à former tous les autres.

Les *temps dérivés* sont ceux qui sont formés des temps primitifs.

Il y a cinq temps primitifs : le *présent de l'infinitif,* le *participe présent,* le *participe passé,* le *présent de l'indicatif,* le *passé défini.*

Voici le tableau de la formation des temps.

### TABLEAU DE LA FORMATION DES TEMPS.

| TEMPS PRIMITIFS. | TEMPS DÉRIVÉS. | CHANGEMENTS A FAIRE. |
|---|---|---|
| 1° de l'Infinitif présent, } on forme { | le futur simple, en changeant *r*, *oir*, *re* en *rai.* le conditionnel présent, | — — — *rais.* |
| 2° du Participe présent, } on forme { | le pluriel du présent indicatif, l'imparfait de l'indicatif, le présent du subjonctif, | — *ant* en *ons, ez, ent.* — *ant* en *ais.* — *ant* en *e.* |
| 3° du Participe passé, } on forme { | tous les temps composés, à l'aide des auxiliaires *avoir* et *être.* | |
| 4° Du Présent indicatif, } on forme { | l'impératif, en retranchant *je, nous, vous.* | |
| 5° du Parfait défini, 2° pers. du sing. } on forme { | l'imparf. du subjonctif, } en ajoutant { *se* | tu aimas : que j'aimasse. tu finis : que je finisse. tu reçus : que je reçusse. tu rendis : que je rendisse |

## Première Conjugaison.

## § 97. — *Verbe* **AIM ER**. — *Radical* **Aim**.

### Mode Indicatif.

| TEMPS SIMPLES. | | TEMPS COMPOSÉS. | |
|---|---|---|---|
| **PRÉSENT.** | | **PASSÉ INDÉFINI.** | |
| J' | aim e. | J'ai | aim é. |
| Tu | aim es. | Tu as | aim é. |
| Il | aim e. | Il a | aim é. |
| Nous | aim ons. | Nous avons | aim é. |
| Vous | aim ez. | Vous avez | aim é. |
| Ils | aim ent. | Ils ont | aim é. |
| **IMPARFAIT.** | | **PLUS-QUE-PARFAIT** | |
| J' | aim ais. | J'avais | aim é. |
| Tu | aim ais. | Tu avais | aim é. |
| Il | aim ait. | Il avait | aim é. |
| Nous | aim ions. | Nous avions | aim é. |
| Vous | aim iez. | Vous aviez | aim é. |
| Ils | aim aient. | Ils avaient | aim é. |
| **PASSÉ DÉFINI.** | | **PASSÉ ANTÉRIEUR.** | |
| J' | aim ai. | J'eus | aim é. |
| Tu | aim as. | Tu eus | aim é. |
| Il | aim a. | Il eut | aim é. |
| Nous | aim âmes. | Nous eûmes | aim é. |
| Vous | aim âtes. | Vous eûtes | aim é. |
| Ils | aim èrent. | Ils eurent | aim é. |
| **FUTUR.** | | **FUTUR ANTÉRIEUR.** | |
| J' | aim erai. | J'aurai | aim é. |
| Tu | aim eras. | Tu auras | aim é. |
| Il | aim era. | Il aura | aim é. |
| Nous | aim erons. | Nous aurons | aim é. |
| Vous | aim erez. | Vous aurez | aim é. |
| Ils | aim eront. | Ils auront | aim é. |

## Mode Conditionnel.

| PRÉSENT. | | PASSÉ (1re forme). | |
|---|---|---|---|
| J' | aim erais. | J'aurais | aim é. |
| Tu | aim erais. | Tu aurais | aim é. |
| Il | aim erait. | Il aurait | aim é. |
| Nous | aim erions. | Nous aurions | aim é. |
| Vous | aim eriez. | Vous auriez | aim é. |
| Ils | aim eraient. | Ils auraient | aim é. |

PASSÉ (2e forme).

| J'eusse | aim é. | Nous eussions | aim é. |
|---|---|---|---|
| Tu eusses | aim é. | Vous eussiez | aim é. |
| Il eût | aim é. | Ils eussent | aim é. |

## Mode Impératif.

S. 2e *pers.* Aim e.  | P. 1re *pers.* Aim ons.
  | 2e *pers.* Aim ez.

## Mode Subjonctif.

| PRÉSENT. | | PASSÉ. | |
|---|---|---|---|
| Que j' | aim e. | Que j'aie | aim é. |
| Que tu | aim es. | Que tu aies | aim é. |
| Qu'il | aim e. | Qu'il ait | aim é. |
| Que nous | aim ions. | Que nous ayons | aim é. |
| Que vous | aim iez. | Que vous ayez | aim é. |
| Qu'ils | aim ent. | Qu'ils aient | aim é. |
| IMPARFAIT. | | PLUS-QUE-PARFAIT. | |
| Que j' | aim asse. | Que j'eusse | aim é. |
| Que tu | aim asses. | Que tu eusses | aim é. |
| Qu'il | aim ât. | Qu'il eût | aim é. |
| Que nous | aim assions. | Que nous eussions | aim é. |
| Que vous | aim assiez. | Que vous eussiez | aim é. |
| Qu'ils | aim assent. | Qu'ils eussent | aim é. |

## Mode Infinitif.

| PRÉSENT. | PASSÉ. |
|---|---|
| Aim er. | Avoir aim é. |

## Mode Participe.

| PRÉSENT. | PASSÉ. |
|---|---|
| Aim ant. | Aim é, aim ée, ayant aim é. |

## Exercices sur la première conjugaison.

Conjuguez, sur *aimer*, les verbes suivants :

**Ex, 491.** Armer, limer, charmer, ramer, animer, entamer, former, nommer, consumer, allumer, glaner, plumer, fumer,

**Présent de l'indicatif.**—Choisissez un verbe dans la colonne de gauche et un complément convenable dans la colonne de droite, et mettez les verbes à la 1re pers. du sing. MODÈLE : *Je lime* une clef.

| VERBES. | COMPLÉMENTS. |
|---|---|
| **Ex. 492.** Limer [1]. — Entamer. — Courber. — Meubler. — Bêcher. — Dénicher. | Clef. — Branche. — Pain. — Champ. — Nid. — Chambre. |
| **Ex. 493.** Dérober. — Ombrer [2].—Décocher [3].—Faucher. — Pêcher. — Afficher. | Flèche. — Poisson. — Pré. — Fruit. — Annonce. — Dessin. |

**Ex. : 494-498.** Mettez les mêmes phrases à la 1re personne du pluriel, et successivement aux autres personnes du présent de l'indicatif.

**Ex. 499. Imparfait.** — Mettez ces phrases à l'imparfait de l'indicatif.

**Passé défini.** — Choisissez un verbe et un complément dans chaque colonne, et mettez les verbes à la 2e personne du singulier.

MODÈLE : *Tu coupas* le bâton.

| VERBES. | COMPLÉMENTS. |
|---|---|
| **Ex. 500.** Couper. — Tacher. — Boucher. — Effaroucher [4]. — Emboucher. — Escalader [5]. | Bâton. — Fente. — Cahier. — Trompette. — Mur. — Gibier. |
| **Ex. 501.** Barricader. — Sucrer. — Massacrer. — Dégrader. — Calmer. — Vider. | Armée. — Fièvre. — Porte. — Officier. — Boisson. — Bouteille. |

**Ex. : 502-506.** Mettez les mêmes verbes à la 1re personne et successivement aux autres personnes du même temps.

**Futur simple.** — Choisissez dans chaque colonne un verbe et un complément convenables, et mettez les verbes à la 1re pers. pluriel du futur simple.

Modèle : *Nous aiderons les pauvres.*

| VERBES. | COMPLÉMENTS. |
|---|---|
| **Ex. 507.** Aider. — Accorder. — Fonder. — Border. — Armer. — Encadrer. | Pauvre. — Habit. — Violon. — Soldat. — Etablissement. — Dessin. |

---

1. Limer, polir avec la lime.
2. Ombrer : c'est mettre de l'ombre sur certaines parties d'un dessin.
3. Décocher, lancer. Se dit surtout des traits que l'on envoie avec un arc : décocher une flèche.
4. Effaroucher, effrayer, c'est-à-dire rendre farouche.
5. Escalader, franchir une clôture pour s'introduire dans une maison.

**Ex. 508.** Greffer [1].—Biffer [2]. ( Mot. — Poêle. — Verbe. —
— Chauffer. — Gagner. — Sif- } Arbre. — Partie. — Air.
fler. — Conjuguer. (

Ex. : 509-513. Mettez les mêmes phrases aux autres personnes du m
temps.

Ex. : 514-519. Mettez-les à toutes les personnes du futur antérieur.

**Présent du subjonctif.**—Choisissez dans chaque colonne un mot convenable
et formez des phrases sur ce modèle : *Il faut que je conjugue le verbe.*

| VERBES. | COMPLÉMENTS. |
|---|---|

**Ex. 520.** Labourer. — Tail- ( Jardin. — Porte. — Champ.
ler. — Arroser. — Fermer. — } — Chien. — Vigne. — Vo-
Plumer. — Enchaîner. ( laille.

**Ex. 521.** Baptiser. — Ver- ( Somme. — Trou. — Enfant.
nisser [3]. — Débourser.— Creu- } — Chanson. — Leçon. — Po-
ser. — Chanter. — Réciter. ( terie.

Ex. 522-526. Mettez les mêmes verbes aux autres personnes du même temps.

**Imparfait du subjonctif.** — Choisissez un mot dans chaque colonne, et
formez des phrases sur ce modèle : *Il fallait que tu récitasses les leçons.*

**Ex. 527.** Ecouter. — Rabo- ( Danger. — Récolte. — Re-
ter. — Affronter. — Rentrer. } montrance. — Statue. — Plan-
— Paver. — Sculpter. ( che. — Rue.

**Ex. 528.** Débiter [4].—Dicter. ( Récompense. — Faute. —
— Mériter. — Avouer. — La- } Marchandise. — Terre. — De-
bourer. — Pratiquer. ( voir. — Vertu.

Ex. : 529-533. Mettez ces mêmes verbes aux autres personnes du même
temps.

### L'ANGE GARDIEN.

Mettez les verbes soulignés à la 2ᵉ personne du singulier de l'impératif.

**Ex. 534.** *Veillez* sur moi quand je m'éveille,
Bon ange, puisque Dieu l'a dit ;
Et chaque nuit quand je sommeille,
*Penchez-vous* sur mon petit lit.
*Ayez* pitié de ma faiblesse ;
A mes côtés *marchez* sans cesse ;
*Parlez-moi* le long du chemin ;
Et pendant que je *vous* écoute,
De peur que je ne tombe en route,
Bon ange, *donnez-moi* la main.            Mad. Tastu.

---

1. **Greffer,** faire pousser une branche d'arbre sur un arbre différent.
2. **Biffer,** signifie rayer, effacer.
3. **Vernisser,** appliquer un vernis
aux poteries. Ce mot ne peut être
considéré comme un synonyme du

mot vernir ; il ne s'emploie que pour
désigner l'art du potier ou la céra-
mique.
4. **Débiter** est souvent usité dans
le sens de *vendre en détail.* Ex. : Débiter une marchandise.

Mettez les verbes indiqués à la 3ᵉ pers. du sing. du présent de l'indicatif.

### LE CHIEN FAIT SON ÉLOGE.

**Ex. 535.** Indépendamment de la beauté de la forme, *j'ai* toutes les qualités qui attirent les regards de l'homme. *Fidèle* à *mon maître, je rampe* à ses pieds; *je le consulte, je le supplie. Je n'ai* pas, il est vrai, comme l'*homme*, les lumières de la raison; mais *je suis docile* et *constant* dans *mes* affections. Moins *sensible* à la colère qu'aux bons sentiments, *je caresse* la main qui me frappe; *je ne lui oppose* que la plainte, et *je la désarme* par ma patience et ma soumission.　　　　　D'après Buffon.

Mettez cet exercice aux autres personnes :

Ex. : 536. 1ᵉ Les chiens font leur éloge. Écrivez : Indépendamment... nous avons..., etc.

Ex. : 537. 2º O chien, indépendamment... tu as..., etc.

Ex. : 538. 3ᵉ O chiens, indépendamment... vous avez..., etc.

Ex. : 539. 4ᵉ Indépendamment... le chien a..., etc.

Ex. : 540. 5ᵉ Indépendamment... les chiens ont..., etc.

**Ex. : 541. Imparfait de l'indicatif.** — 1ᵉ Mettez les verbes à la 1ʳᵉ personne. Un chien raconte ce qu'il était autrefois. Écrivez : Indépendamment de la beauté, j'avais autrefois..., etc.

Ex. : 542. 2º Mettez les verbes à la 1ʳᵉ personne du pluriel. Des chiens disent : Indépendamment..., nous avions autrefois.

Ex. : 543. 3ᵉ Mettez les verbes à la 2ᵉ personne du singulier. Écrivez : O chien, indépendamment..., tu avais autrefois...., etc.

Ex. : 544. 4ᵉ Mettez les verbes à la 2ᵉ personne du pluriel. Écrivez : O chiens, indépendamment..., vous aviez autrefois..., etc.

Ex. : 545. 5ᵉ Mettez les verbes à la 3ᵉ personne du singulier. Écrivez : Indépendamment..., ce chien avait autrefois..., etc.

Ex. : 546. 6ᵉ Mettez les verbes à la 3ᵉ personne du pluriel. Écrivez : Indépendamment....., ces chiens avaient autrefois..., etc...

### LA CONSIGNE.

Mettez les verbes au futur.

**Ex. 547.** « Soldat, mon ami, dit un général à un brave soldat, tu (*grimpes*) à la muraille. La sentinelle (*crie*) qui vive? tu ne (*souffles*) mot. Elle (*crie*) encore qui vive? tu ne (*bouges*) pas. Une troisième fois, elle (*demande*) qui vive? Pendant tout ce temps, tu (*arrives*) au haut de la muraille.

La sentinelle (*tiré*) sur toi, elle te (*manque*). Tu (*tires*) à ton tour, tu la (*tues*); les ennemis t'(*entourent*); mais nous (*plaçons*) des échelles, nous (*montons*), nous te (*sauvons*), et la ville (*est*) prise. » — Tout arriva comme l'avait dit le général.

Ex. : 548. Mettez les verbes au pluriel, et à la même personne du futur. Écrivez : Soldats, mes amis, *vous grimperez*..., etc.

Ex. 549-550. Faites pour le conditionnel les mêmes exercices que pour le futur.

### POLICHINELLE.

Conjuguez les verbes en *italique*, au temps où ils se trouvent dans les exercices suivants. Modèle : *Je montre, tu montres...*, etc.

**Ex. 551.** Voilà, voilà Polichinelle, le grand, le vrai, l'unique Polichinelle ! *Il* ne se *montre* pas encore, et vous le *devinez* déjà ; vous le reconnaissez à son rire inimitable. Il ne paraît pas encore, mais il *siffle*, il *bourdonne*, il *babille*, il *crie*, il *parle* de cette voix qui n'*est* pas une voix d'homme, de cet accent[2] qui annonce quelque chose de supérieur à l'homme, Polichinelle, par exemple.

**Ex. 552.** Il *arrive* en riant, il *tombe*, il se relève, il se promène, il *gambade*, il *saute*, il se débat, il *gesticule*[3], et *retombe* démantibulé[4] contre le châssis qui *résonne*[5] de sa chute. Ce n'est rien, c'est tout : Polichinelle ! Les sourds l'entendent et rient ; les aveugles rient et le voient, et toutes les pensées de la multitude se confondent en un cri : C'est lui ! c'est lui ! c'est Polichinelle !

Alors — oh ! c'est un spectacle enchanteur que celui-ci !

**Ex. 553.** Alors les petits enfants qui *restaient* immobiles d'un curieux effroi[6] entre les bras de leurs bonnes, la vue fixée avec inquiétude sur le théâtre vide, s'agitent tout à coup, *frottent* et *écarquillent*[7] leurs beaux yeux ronds, pour mieux voir : *ils s'approchent, se retirent, se rapprochent, se disputent* la première place. *Ils* en *disputeront* bien d'autres[8], quand ils *seront* grands.

**Ex. 554.** Vous *remarquez* à l'avant-scène[9] de petits bonnets, de petits chapeaux, des toques, des casquettes, des bourrelets, de jolis bras blancs qui se *pressent*, se *repoussent* et se *contrarient*, et tout cela, pour saisir, pour avoir Polichinelle vivant. Je *trouve* ce désir très-naturel : mais moi, pauvres enfants, moi, qui *ai grisonné* là, derrière vos pères, il y a quarante ans que j'espère et que je l'attends comme vous.　　CH. NODIER.

1. **Unique**, seul dans son genre.
2. **Accent** signifie ici manière particulière de prononcer.
3. **Gesticuler**, faire beaucoup de gestes en parlant.
4. **Démantibulé** signifie ici brisé, rompu, mis en pièces.
5. **Résonner**, retentir, ne doit pas être confondu avec *raisonner*, se servir de sa raison.
6. Ils ont peur, et néanmoins ils veulent voir Polichinelle.
7. **Écarquiller**, ouvrir les yeux tout grands.
8. Ils se disputeront les emplois élevés, les honneurs.
9. Partie du théâtre où se trouvent les places les plus rapprochées de la scène.

5.

## Remarques sur certains verbes de la première conjugaison.

**§ 98.** Les verbes dont l'infinitif est terminé par **cer**, prennent une cédille sous le *c*, devant les voyelles *a, o.* Ex. : Forcer, il *força*, nous *forçons*.

**§ 99.** Les verbes dont l'infinitif est terminé par **ger**, prennent un **e** muet après le *g*, devant les voyelles *a, o.* Ex. : Manger, *mangeant*, nous *mangeons*.

---

Conjuguez à chaque personne du présent de l'indicatif les verbes suivants :

**Ex. 555.** Avancer, diriger, effacer, manger, menacer, placer, sucer, tracer, forger, balancer, commencer, encourager, ensemencer, lancer, percer, pincer, ranger, dénoncer.

**Ex. 556-557.** Conjuguez les mêmes verbes au passé défini et à l'imparfait du subjonctif.

### UNE JOURNÉE BIEN REMPLIE.

**Ex. 558.** Mettez les verbes de cet exercice à la 1re pers. plurial du présent indicatif.

Pour multiplier [1] les heures, *je devance* le lever du soleil; et *je prolonge* mon travail jusqu'après le déclin du jour. *J'allége* mes labeurs en priant Dieu de les bénir, et l'espoir d'être exaucé [2] efface tous mes soucis. *Je dirige* dans la plaine mes bœufs vigoureux, et *j'enfonce* profondément dans le sol le soc de ma charrue. Je *défonce* la terre, et je *remplace* par des engrais les sucs que lui a enlevés la dernière moisson. Puis *j'ensemence* mon champ, et je *range* avec soin les instruments qui m'ont servi dans mes travaux.

**Ex. 559.** Mettez les verbes à la 1re pers. sing. de l'imparfait indicatif. Ex. : Autrefois, pour multiplier..., *je devançais*..., etc.

**Ex. 560.** Mettez les verbes à la 2e pers. sing. de l'imparfait indicatif. Écrivez : Autrefois, *tu devançais*...

**Ex. 561.** Mettez les verbes à la 3e pers. sing. de l'imparfait indicatif : Autrefois, le bon cultivateur *devançait*.... etc.

**Ex. 562.** Mettez les verbes à la 3e p. du plur. de l'imparfait indicatif.

**Ex. 563-568.** Mettez les verbes successivement à chaque personne du passé défini, en imitant les modèles ci-dessus.

---

1. **Multiplier les heures.** C'est-à-dire pour augmenter le nombre des heures destinées au travail.

2. **D'être exaucé,** c'est-à-dire de voir ma prière accueillie favorablement par Dieu.

Choisissez dans la colonne de droite un complément qui convienne à chacun des verbes de la colonne de gauche, et imitez les modèles suivants :

**Ex. 569.** 1ᵉʳ Modèle : Nous corrigeons le devoir.

| | |
|---|---|
| Manger. — Effacer. — Tracer. — Froncer [1]. — Forger. — Corriger. — Enfoncer. — Amorcer [2]. | Dessin [3]. — Tache. — Sourcil. — Clef. — Pieu. — Hameçon. — Fruit. — Dictée. |
| **Ex. 570.** Encourager. — Juger. — Soulager. — Lancer. — Percer. — Rédiger. — Infliger. — Exaucer. | Infortune. — Coupable. — Trou. — Désir. — Punition. — Elève. — Pierre. — Lettre. |

**Ex. 571.** 2ᵉ Modèle : Nous exerçâmes la mémoire.

**Ex. 572.** 3ᵉ Modèle : Il fallait que je corrigeasse le devoir.

**Ex. 573.** 4ᵉ Modèle : Il fallait qu'il exerçât la mémoire.

### L'ENFANT BIEN ÉLEVÉ.

Mettez les verbes soulignés au *passé défini.*

**Ex. 574.** Un enfant bien élevé *devance* [4] toujours les désirs de ses parents et *il s'efforce* constamment de satisfaire ses maîtres. Il ne les *afflige* point par sa paresse ; il *corrige* ses défauts. *Il* n'*agace* point ses camarades ; *il* ne les *menace* point ; *il* ne les *dérange* jamais. En un mot, il n'*exerce* point la patience de ses condisciples, et il *dirige* sa conduite de manière à mériter l'affection de tous ceux qui l'entourent.

**Ex. : 575.** Mettez les verbes à la 1ʳᵉ personne du singulier du même temps, et écrivez : Enfant bien élevé, *je devançai* toujours.., et *je m'effor*..., etc.

**Ex. : 576.** Mettez les verbes à la 1ʳᵉ personne du pluriel du même temps, et écrivez : Enfants bien élevés, *nous devan*... et *nous nous effor*..., etc.

**Ex. : 577.** Mettez les verbes à la 2ᵉ personne du singulier du passé défini, et écrivez : Enfant bien élevé, *tu devan*... toujours, et *tu t'effor*..., etc.

**Ex. : 578.** Mettez les verbes à la 2ᵉ personne du pluriel du même temps, et écrivez : Enfants bien élevés, *vous devanc*... toujours... et *vous vous efforc*..., etc.

**Ex. : 579.** Mettez : « *Il fallait* » devant chaque phrase, et mettez les verbes soulignés à l'imparfait du subjonctif. Écrivez : *Il fallait* qu'un enfant... *devançât,*.. et *qu'il s'efforçât.*

**Ex. 580.** Écrivez : « *Il fallait* » devant chaque phrase, et mettez les verbes à la 3ᵉ personne du pluriel. Écrivez : *Il fallait* que des enfants bien élevés *devançassent*... et *qu'ils s'effor*...

---

1. **Froncer**, rider en contractant.
2. **Amorcer** un hameçon, c'est y placer l'appât destiné à attirer le poisson qu'on veut prendre.

3. **Dessin**, représentation d'un objet ; ne confondez pas avec *dessein*, projet.
4. **Devancer**, prévenir.

**§ 100.** Les verbes qui ont un *e* muet ou un *é* fermé à l'avant-dernière syllabe, changent cet *e* muet ou cet *é* fermé en *è* ouvert devant une syllabe muette.

Ex. : Mener, je *mène;* espérer, j'*espère.*

**§ 101.** Les verbes en **eler, eter** prennent deux *l* ou deux *t* devant un *e* muet. Ex. : Appeler, j'*appelle,* j'*appellerai;* jeter, je *jette,* je *jetterai.* — Excepté *acheter* et *geler,* que l'Académie écrit avec un *è* grave.

Ex. : j'*achète,* il *gèle.*

---

Conjuguez à chaque personne du présent de l'indicatif et du subjonctif les verbes suivants :

**Ex. 581.** Mener, lever, achever, peser, élever, soulever, léser, accélérer, altérer, préférer, vénérer, considérer, régénérer, espérer, digérer, crever, sevrer, enlever, modérer, libérer, exagérer.

Ex. 582-583. Conjuguez les mêmes verbes au futur et au conditionnel.

### EXAMEN DE CONSCIENCE.

**Présent de l'Indicatif.** — Mettez les verbes à la 1re personne du singulier.

**Ex. 584.** Aussitôt que *nous nous levons, nous élevons notre* âme vers Dieu, et *nous vénérons* ce Créateur de toutes choses. *Nous pesons* de nouveau *nos* actes de la veille; nous *considérons nos* faiblesses passées; *nous* les *exagérons* même à *nos* propres yeux, afin qu'elles *nous* inspirent plus d'horreur. C'est grâce à ces examens de conscience fréquemment répétés, que *nous modérons* la fougue qui *nous* entraîne au mal.

Ex. 585-588. Mettez successivement cet exercice : 1° à la 1re pers. sing. — 2° à la 2e pers. sing. — 3° à la 3e pers. sing. — 4° à la 3e pers. pluriel.

Ex. 589-594. Mettez-le à toutes les personnes de l'imparfait de l'indicatif.

Ex. 595-600. Mettez-le à toutes les personnes du futur simple.

Ex. 601-606. Mettez-les à toutes les personnes du conditionnel.

Ex. 607-609. Mettez-le à toutes les personnes de l'impératif.

Choisissez un mot dans chaque colonne et formez des phrases sur le modèle suivant : *Je soulève un fardeau.*

**Ex. 610.** Libérer. — Espérer. — Exagérer. — Achever. — Peser. — Digérer. | Récompense. — Faute. — Devoir. — Prisonnier. — Charge. — Aliment.

**Ex. 611.** Crever. — Enlever. — Vénérer. — Sevrer. — Altérer. — Soulever. | Vieillard. — Tache. — Ballon. — Enfant. — Fardeau. — Monnaie.

**Ex. 612.** Mettez les mêmes phrases au pluriel.

**Ex. 613-617.** Imitez les modèles suivants : 1° Tu soulèves un fardeau.— 2° Il faut que je soulève ce fardeau. — 3° Il fallait que je soulevasse ce fardeau. — 4° Il souleva ce fardeau. — 5° Il fallait qu'il soulevât ce fardeau.

**Ex. 618.** Mettez ces phrases à toutes les personnes de tous les temps. (Le Maître écrira au tableau le modèle de son choix.)

Conjuguez les verbes suivants au futur et au conditionnel.

**Ex. 619.** Amonceler, appeler, ciseler, ficeler, étinceler, cacheter, projeter, jeter, caqueter, étiqueter.

### LA VIE DES CHAMPS.

Mettez les verbes à la 1re pers. du pluriel.

**Ex. 620.** Qu'elle est agréable, la vie des champs! *Je me lève* chaque jour au chant *du coq qui m'appelle*. Déjà le soleil étincelle à l'horizon. *J'attelle mes* grands bœufs de labour, *et je nivelle* [1] avec la herse *mon champ* récemment *labouré*. Autour *de moi* les oiseaux chantent, *la pie caquette* [2] sur un arbre, *l'alouette s'élève dans* les airs, *l'étourneau* [3] *mange* les insectes que *ma herse a* mis au jour. Midi vient. *Je regagne* la ferme, *je dételle* mes bœufs *et je révèle* [4] à mes amis le *plan* que *je projette* [5].

**Ex. 621-625.** Mettez cet exercice aux autres personnes du présent de l'indicatif.

Choisissez un mot dans chaque colonne et formez des phrases sur le modèle suivant : *J'attelle le cheval.*

| VERBES. | COMPLÉMENTS. |
|---|---|
| **Ex. 626.** Ficeler.—Niveler. — Cacheter. — Atteler. — Etiqueter. — Epeler. | Lettre. — Terrain. — Paquet. — Bœuf. — Flacon. — Mot. |
| **Ex. 627.** Seller. — Harceler [6]. — Crocheter. — Feuilleter. — Emietter. — Ciseler [7]. | Serrure. — Ennemi. — Cheval. — Pain. — Livre. — Statue. |

**Ex. 628-632.** Mettez les mêmes phrases aux autres personnes du présent.

**Ex. 633-636.** Imitez les modèles suivants : 1° Il attela son cheval. — 2° I fallait qu'il attelât son cheval. — 3° Nous attellerons notre cheval. — 4° Ils attelleront leurs chevaux.

**Ex. 637.** Mettez ces phrases à toutes les personnes de tous les temps. (Le Maître les indiquera successivement.)

---

**1. Niveler.** Pour niveler un champ labouré, on emploie la herse.

**2. Caqueter**, se dit du cri des poules et désigne aussi le bavardage de certaines gens.

**3. Etourneau** ou sansonnet, petit oiseau assez commun dans nos contrées, où il suit souvent les troupeaux.

**4. Révèle.** Je révèle, c'est-à-dire je fais connaître ouvertement. — Le *plan...* Plan a ici le sens de projet.

**5. Projeter**, former un dessein.

**6. Harceler**, attaquer sans relâche.

**7. Ciseler**, travailler au ciseau une statue, un marbre.

**§ 102.** Les verbes en **ier** prennent deux *i* de suite à la première et à la deuxième personne du pluriel de l'imparfait de l'indicatif et du présent du subjonctif : Il priait, nous *priions*, vous *priiez*; que nous *priions*, que vous *priiez*.

**§ 103.** Les verbes en **yer** changent *y* en *i* devant un *e* muet. Ex. : Employer, j'*emploie*, j'*emploierai*.

**§ 104.** Ces mêmes verbes en *yer*, prennent un *y* et un *i* à la première et à la deuxième personne du pluriel de l'imparfait de l'indicatif et du présent du subjonctif : Nous *employions*, vous *employiez*; que nous *payions*, que vous *payiez*.

---

Conjuguez à chaque personne de l'imparfait de l'indicatif et du présent du subjonctif les verbes suivants :

**Ex. 638.** Lier, charrier[1], prier, nier, copier, humilier, calomnier, communier, manier, plier, orthographier[2], châtier[3], appuyer, ennuyer, essuyer.

Choisissez un verbe et un complément dans chaque colonne et imitez le modèle suivant : *alors nous liions la gerbe.*

| VERBES. | COMPLÉMENTS. |
|---|---|
| **Ex. 639.** Remercier. — Etudier. — Relier. — Colorier[4]. — Broyer. — Envoyer. | Dessin. — Leçon. — Bienfaiteur. — Pierre. — Livre. — Lettre. |
| **Ex. 640.** Châtier. — Payer. — Vérifier. — Oublier. — Essuyer. — Lier. | Calcul. — Injure. — Dette. — Paresseux. — Gerbe. — Larme. |

A l'aide des mêmes mots, formez des phrases sur les modèles suivants :

**Ex. 641.** Alors, je *copiais* un devoir.
**Ex. 642.** Hier, je *copiai* un devoir.
**Ex. 643.** Hier, vous *copiiez* un devoir.
**Ex. 644.** Il faut que nous *copiions* un devoir.
**Ex. 645.** Hier, nous *copiâmes* un devoir.
**Ex. 646.** Il fallait qu'il *copiât* un devoir.
**Ex. 647.** Alors, il *copia* un devoir.

**Ex. 648.** Mettez ces mêmes phrases à toutes les personnes de tous les temps. (Le Maître les indiquera successivement.)

---

1. **Charrier,** voiturer, transporter quelque chose à l'aide d'un chariot, d'une charrette.
2. **Orthographier,** écrire les mots suivant l'orthographe voulue.
3. **Châtier,** c'est-à-dire punir.
4. **Colorier,** appliquer des couleurs sur un dessin, un tableau, etc.

Conjuguez aux premières et aux secondes personnes du pluriel du présent de l'indicatif et du subjonctif :

**Ex. 649-650.** Aboyer, broyer, côtoyer, coudoyer, employer, foudroyer, nettoyer, larmoyer, noyer, ployer, rudoyer, tutoyer, appuyer, ennuyer, essuyer, balayer, bégayer, effrayer, essayer, payer,

**Ex. 651-652.** Conjuguez ces verbes aux deuxièmes personnes du futur et du conditionnel.

Choisissez un mot dans chaque colonne, et formez des phrases sur le modèle suivant : *Il faut que nous balayions la classe.*

**Ex. 653.** Frayer[1]. — Payer. — Etayer[2]. — Broyer. — Net-toyer. — Essuyer. } Mur. — Couleur. — Pas-sage. — Larme. — Dette. — Montre.

**Ex. 654.** Côtoyer[3],—Ployer. — Rayer. — Ondoyer[4]. — Egayer. — Enrayer[5]. } Enfant. — Auditoire. — Etoffe. — Mot. — Chariot. — Rivière.

**Ex. 655-656.** Imitez les modèles suivants : 1° Il faut que vous *balayiez* la classe. — 2° Hier, *nous balayions* la classe. — 3° Hier, *vous balayiez* la classe.

## L'ENFANT DOCILE.

Mettez les verbes à la 1re personne du pluriel, et faites les changements nécessaires.

**Ex. 657.** Je ne *rudoie*[6] point mes camarades ; je ne *bégaie*[7] pas en récitant mes leçons ; je *n'appuie* point mes coudes sur la table et je *ne la balaie* point avec mes manches. Je *ne tutoie* point mes supérieurs ; *je ne larmoie*[8] point quand *je suis juste-*ment *puni.* Je *ne coudoie*[9] point mes condisciples et *je n'ennuie* point ceux qui travaillent. Enfin *je ploie* mon caractère à toutes les exigences.

**Ex. 658-661.** Mettez les verbes aux autres personnes de l'indicatif présent.

**Ex. 662-667.** Mettez les verbes à toutes les personnes de l'imparfait de l'in-dicatif, et imitez les modèles suivants : 1° *Autrefois, je ne rudoyais point...* — 2° *Autrefois, nous ne rudoyions point...,* etc.

---

**1. Frayer,** tracer, ouvrir pour la première fois un passage.

**2. Etayer.** Lorsqu'une muraille est peu solide, on la soutient au moyen de pièces de bois ou *étais.*

**3. Côtoyer** une rivière, c'est en suivre le bord.

**4. Ondoyer,** baptiser par ondoie-ment, c'est-à-dire asperger l'enfant d'eau sainte ou bénite.

**5. Enrayer,** arrêter la roue d'un chariot en barrant les rais.

**6. Rudoyer,** traiter rudement.

**7. Bégayer,** parler avec difficulté en répétant les syllabes.

**8. Larmoyer,** pleurer.

**9. Coudoyer** quelqu'un, c'est le heurter du coude.

§ **105.** — REMARQUES. I. Il ne faut pas confondre la terminaison *ons*, qui annonce une 1<sup>re</sup> personne du pluriel, avec la terminaison *ont*, qui annonce une 3<sup>e</sup> personne du même nombre.

Ecrivez donc avec *ons* : *nous aim***ons** *la vertu ; respect***ons** *la vieillesse ; nous remplir***ons** *nos devoirs*, parce que le sujet est *nous*, exprimé ou sous-entendu.

Mais écrivez avec *ont* : *Ils aur***ont** *une récompense ; les hommes adorer***ont** *Dieu*, parce que le sujet est *ils* ou un nom pluriel.

II. Ne confondez pas non plus, *il aim***a**, 3<sup>e</sup> personne du singulier du passé défini, avec *qu'il aim***ât**, 3<sup>e</sup> personne du singulier de l'imparfait du subjonctif.

Pour distinguer ces deux personnes, mettez la phrase au pluriel.

Dans cet exemple : « Cet élève *termin***a** son devoir, » *termin***a** est au passé défini, puisqu'au pluriel nous aurions : « Ces élèves *termin***èrent** leur devoir. »

Au contraire, dans cette phrase : *Il fallait que cet élève termin***ât** *son devoir*, *termin***ât** est à l'imparfait du subjonctif, puisqu'en mettant la phrase au pluriel, nous aurions : *Il fallait que ces élèves termin***assent** *leurs devoirs.*

---

### LE PERROQUET.

Écrivez : *les Perroquets*, et mettez ce morceau au pluriel.

**Ex. 668.** Non-seulement *le perroquet a* la facilité d'imiter la voix *de l'homme ; il semble* encore en avoir le désir. *Il le manifeste*[1] par son attention à écouter, par *l'étude à laquelle il se livre* pour répéter, et *il renouvelle cet effort à tout instant* : car *il bégaye, il gazouille* quelqu'une des syllabes *qu'il a entendues*, et *il cherche* à prendre le dessus *de la voix qui frappe son oreille*, en faisant éclater la *sienne*.

**Ex. 669.** Souvent *son maître est étonné de lui* entendre répéter *un mot* ou *un son qu'il n'avait* pas pris la peine de lui apprendre. *Il semble* se faire une tâche[2], et *il essaye* de retenir *sa* leçon chaque jour. *Il* en *est occupé* jusque dans *son rêve*, et

---

1. **Manifester**, montrer au grand jour, faire voir clairement.   2. **Tâche**, travail que l'on doit faire ou qu'on se propose de faire.

*il jase* en dormant. C'est surtout dans *sa première année* qu'il *montre cette heureuse disposition*, et que *son maître le trouve* plus *intelligent* et plus *docile*. Plus *âgé, il se montre rebelle*, et *il ne répète sa leçon* que difficilement.                     BUFFON.

Ex. 670. Mettez les verbes à la 3ᵉ personne du sing. du passé défini.

Ex. 671. Mettez les verbes à la 1ʳᵉ personne du pluriel du présent de l'indicatif. Écrivez : *Nous, perroquets, nous avons la facilité...,* etc.

Ex. 672. Mettez les verbes à la 3ᵉ personne du pluriel du futur simple. Écrivez : *Non-seulement les perroquets auront...,* etc.

Ex. 673. Mettez les verbes à la 3ᵉ personne du singulier du conditionnel présent. Écrivez : *Non-seulement le perroquet aurait...,* etc.

Ex. 674. Mettez les verbes à la 3ᵉ personne du pluriel du conditionnel présent.

Choisissez un complément dans la colonne à droite, et formez des phrases sur le modèle suivant : *Il fallait qu'il terminât son devoir.*

Ex. 675. Achever. — Effacer. — Envoyer. — Payer. — Dénoncer. — Balayer.
Lettre. — Voleur. — Salle. — Dette. — Tache. — Devoir.

676. Percer. — Enfoncer. — Sucer. — Lancer. — Ensemencer. — Forcer.
Pêche. — Serrure. — Clou. — Jardin. — Trou. — Flèche.

## QUESTIONNAIRE.

Quels sont les temps primitifs d'*aimer*?

Conjuguez les temps primitifs d'*aimer*.

Quels sont les temps dérivés de l'infinitif présent ?

Conjuguez ces temps dérivés.

Quels sont les temps dérivés du participe présent ?

Conjuguez-les.

Quels sont les temps dérivés du participe passé ?

Conjuguez-les.

Quels sont les temps dérivés du présent de l'indicatif ?

Conjuguez-les.

Quels sont les temps dérivés du passé défini ?

Conjuguez-les.

Qu'y a-t-il à remarquer dans les verbes en *cer* ?

Qu'y a-t-il à remarquer dans les verbes en *ger* ?

Qu'y a-t-il à remarquer dans les verbes dont l'avant-dernière syllabe renferme un e muet ou un *é* fermé ?

Qu'y a-t-il à remarquer dans les verbes en *eler, eter* ?

Qu'y a-t-il à remarquer dans les verbes en *ier* ?

Qu'y a-t-il à remarquer dans les verbes en *yer* ?

A quelle personne appartient la terminaison *ons* ?

A quelle personne appartient la terminaison *ont* ?

Comment reconnaît-on laquelle des deux il faut employer ?

A quel temps appartient la terminaison *a* ?

A quel temps appartient la terminaison *ât* ?

Comment distingue-t-on ces terminaisons ?

# LE VERBE.

**Deuxième Conjugaison.**

## § 106. — *Verbe* FIN IR. — *Radical* Fin.

### Mode Indicatif.

| TEMPS SIMPLES. | | TEMPS COMPOSÉS. | |
|---|---|---|---|
| **PRÉSENT.** | | **PASSÉ INDÉFINI.** | |
| Je | fin is. | J'ai | fin i. |
| Tu | fin is. | Tu as | fin i. |
| Il | fin it. | Il a | fin i. |
| Nous | fin issons. | Nous avons | fin i. |
| Vous | fin issez. | Vous avez | fin i. |
| Ils | fin issent. | Ils ont | fin i. |
| **IMPARFAIT.** | | **PLUS-QUE-PARFAIT.** | |
| Je | fin issais. | J'avais | fin i. |
| Tu | fin issais. | Tu avais | fin i. |
| Il | fin issait. | Il avait | fin i. |
| Nous | fin issions. | Nous avions | fin i. |
| Vous | fin issiez. | Vous aviez | fin i. |
| Ils | fin issaient. | Ils avaient | fin i. |
| **PASSÉ DÉFINI.** | | **PASSÉ ANTÉRIEUR.** | |
| Je | fin is. | J'eus | fin i. |
| Tu | fin is. | Tu eus | fin i. |
| Il | fin it. | Il eut | fin i. |
| Nous | fin îmes. | Nous eûmes | fin i. |
| Vous | fin îtes. | Vous eûtes | fin i. |
| Ils | fin irent. | Ils eurent | fin i. |
| **FUTUR.** | | **FUTUR ANTÉRIEUR.** | |
| Je | fin irai. | J'aurai | fin i. |
| Tu | fin iras. | Tu auras | fin i. |
| Il | fin ira. | Il aura | fin i. |
| Nous | fin irons. | Nous aurons | fin i. |
| Vous | fin irez. | Vous aurez | fin i. |
| Ils | fin iront. | Ils auront | fin i. |

## Mode Conditionnel.

| PRÉSENT. | | PASSÉ. | |
|---|---|---|---|
| Je fin irais. | | J'aurais | fin i. |
| Tu fin irais. | | Tu aurais | fin i. |
| Il fin irait. | | Il aurait | fin i. |
| Nous fin irions. | | Nous aurions | fin i. |
| Vous fin iriez. | | Vous auriez | fin i. |
| Ils fin iraient. | | Ils auraient | fin i. |

### PASSÉ (2e forme).

| J'eusse | fin i. | Nous eussions | fin i. |
|---|---|---|---|
| Tu eusses | fin i. | Vous eussiez | fin i. |
| Il eût | fin i. | Ils eussent | fin i. |

## Mode Impératif.

| S. 2e pers. Fin is. | P. 1re pers. | Fin issons. |
|---|---|---|
| | 2e pers. | Fin issez. |

## Mode Subjonctif.

| PRÉSENT. | | PASSÉ. | |
|---|---|---|---|
| Que je fin isse. | | Que j'aie | fin i. |
| Que tu fin isses. | | Que tu aies | fin i. |
| Qu'il fin isse. | | Qu'il ait | fin i. |
| Que nous fin issions. | | Que nous ayons | fin i. |
| Que vous fin issiez. | | Que vous ayez | fin i. |
| Qu'ils fin issent. | | Qu'ils aient | fin i. |

| IMPARFAIT. | | PLUS-QUE-PARFAIT. | |
|---|---|---|---|
| Que je fin isse. | | Que j'eusse | fin i. |
| Que tu fin isses. | | Que tu eusses | fin i. |
| Qu'il fin ît. | | Qu'il eût | fin i. |
| Que nous fin issions. | | Que nous eussions | fin i. |
| Que vous fin issiez. | | Que vous eussiez | fin i. |
| Qu'ils fin issent. | | Qu'ils eussent | fin i. |

## Mode Infinitif.

| PRÉSENT. | PASSÉ. |
|---|---|
| Fin ir. | Avoir fin i. |

## Mode Participe.

| PRÉSENT. | PASSÉ. |
|---|---|
| Fin issant. | Fin i, fini e, ayant fin i. |

§ **107.** — REMARQUE. — Ne confondez pas « *Il finit* » 3ᵉ pers. sing. du passé défini, avec « *qu'il finît*, » 3ᵉ pers. sing. de l'imparfait du subjonctif. Pour distinguer ces deux temps, mettez la phrase au pluriel.

Ex. : Cet élève *écrivit* une lettre. — Ces élèves *écrivirent* une lettre : voilà le passé défini.

Il fallait que cet élève *écrivît* une lettre. — Il fallait que ces élèves *écrivissent*... : voilà l'imparfait du subjonctif.

---

### Exercices sur la deuxième conjugaison.

#### Conjuguez sur *finir*.

**Ex. 677.** Bâtir, bondir, obéir, rougir, mugir, **rugir**, blanchir, franchir, noircir, adoucir, durcir, applaudir, arrondir, grandir, maigrir.

**Ex. : 678.** Conjuguez aux trois personnes du pluriel du futur simple les verbes suivants : anéantir, avertir, convertir, divertir, engloutir, réussir.

**Ex. : 679.** Conjuguez au passé défini et à toutes les personnes les verbes envahir, trahir, aplanir, réunir, pâlir, guérir, pétrir, rôtir.

**Ex. : 680.** Conjuguez ces mêmes verbes à l'imparfait du subjonctif.

#### LA CHÈVRE.
##### Mettez au pluriel les mots indiqués.

**Ex. 681.** *La chèvre fournit* du lait, et *son poil* un peu *rude affermit* les étoffes. *Elle est* plus *légère* et moins *timide* que *la* brebis ; *elle gravit* les coteaux ; *elle bondit* sur *la pointe* des rochers ; *elle franchit* les torrents et *choisit* de préférence pour *ses* ébats les lieux escarpés ou *le bord* des précipices.

**Ex. 682.** *Elle se nourrit* d'herbes sauvages et des jeunes pousses des arbrisseaux. *Elle est vive, capricieuse* et *vagabonde* ; *elle marche, elle bondit, elle saute, elle rebondit, elle approche, elle se cache*, sans autre raison que *son caprice*.

(D'après BUFFON.)

**Ex. : 683.** La chèvre fait son portrait. Écrivez : Je fournis..., etc., et mettez les verbes au présent de l'indicatif.

**Ex. : 684.** Les chèvres font leur portrait. Écrivez : Nous fournissons.., etc. Et mettez les verbes à la 1ʳᵉ personne du pluriel.

**Ex. : 685.** Écrivez : O chèvre, tu fournis..., et mettez les verbes à la 2ᵉ personne du singulier.

**Ex. : 686.** Écrivez : O chèvres, vous fournissez..., et mettez les verbes à la 2ᵉ personne du pluriel.

**Ex. : 687-692.** Faites les mêmes exercices à l'imparfait de l'indicatif.

**Ex. : 693-698.** Faites les mêmes exercices au passé défini.

**Ex. : 699-704.** Mettez les verbes aux six personnes du passé défini, sur le modèle du présent de l'indicatif.

**Ex. 705-710.** Mettez les verbes aux six personnes du passé indéfini, sur le modèle du présent de l'indicatif, 3ᵉ personne du pluriel.

**Ex. 711-716.** Mettez les verbes aux six personnes du futur simple, sur le modèle du présent de l'indicatif.

Choisissez dans chaque colonne un *verbe* et un *complément*, et formez des phrases sur le modèle suivant : Je *bénirais* la Providence.

**Ex. 717.** Bénir. — Atten-⟨ Terrain. — Maison. — Pain.
drir. — Aplanir. — Vernir. —⟩ La Providence. — Meuble.
Bâtir. — Pétrir. ⟨ Ame.

Choisissez un mot dans chaque colonne et mettez les verbes au passé défini, 3ᵉ p. du sing.

**Ex. 718.** Fourbir [1]. — Gué-⟨ Toile. — Colère. — Sabre.
rir. — Blanchir. — Fléchir. —⟩ Lettre. — Malade. — Obs-
Affranchir. — Franchir. ⟨ tacle [2].

**Ex. 719.** Abolir. — Démo-⟨ Glace. — Elève. — Usage.
lir. — Polir. — Définir [3]. —⟩ Maison. — Bois. — Mot.
Durcir. — Punir. ⟨

A l'aide des mêmes mots, formez des phrases sur les modèles suivants :

**Ex. 720.** Nous finirons le devoir. — **721.** Il finira le devoir.

**Ex. 722.** Vous finîtes le devoir. — **723.** Qu'il finît le devoir.

Choisissez un mot dans chaque colonne, et formez des phrases sur le modèle suivant : Il *bâtira* une maison.

**Ex. 724.** Bâtir. — Punir. —⟨ Maison. — Mur. — Route. —
Aplanir [4]. — Assouvir [5]. — Ap-⟩ Elève. — Comédien. — Faim.
plaudir. — Blanchir. ⟨

Imitez le modèle suivant : Il *bâtit* une maison.

**Ex. 725.** Blanchir. — Agran-⟨ Boisson. — Meuble. — Linge.
dir. — Vernir. — Assainir [6].—⟩ Etable. — Propriété. —
Rafraîchir. — Embellir. ⟨ Jardin.

**Ex. : 726.** Mettez les mêmes phrases à la 3ᵉ personne du pluriel du futur. Modèle : Ils *bâtiront* une maison.

**Ex. : 727.** Mettez-les à la 3ᵉ personne du singulier de l'imparfait du subjonctif, et imitez le modèle suivant : *Il fallait* qu'il finît son devoir.

### QUESTIONNAIRE.

Quels sont les temps primitifs de *finir?* Conjuguez-les.
Conjuguez les temps dérivés.

Comment distingue-t-on la terminaison *it* de *tt?*
Citez des exemples.

---

1. **Fourbir**, nettoyer, se dit en parlant des armes.

2. **Obstacle**, tout ce qui arrête notre marche ou l'exécution de nos projets, de nos entreprises.

3. **Définir** un mot, c'est en expliquer le sens avec une clarté complète, de manière à éviter toute confusion.

4. **Aplanir**, rendre uni et de niveau.

5. **Assouvir** sa faim, c'est « se rassasier » complètement. Assouvir s'emploie souvent au figuré. Ex. : *Assouvir sa vengeance*, pour « *donner satisfaction à sa haine.* »

6. **Assainir**, rendre sain. Ex. : Ces contrées marécageuses ont été assainies.

## Troisième Conjugaison.

### § 108. *Verbe* RECEV OIR.— *Radical* Recev.

### Mode Indicatif.

| TEMPS SIMPLES. | | TEMPS COMPOSÉS. | |
|---|---|---|---|
| **PRÉSENT.** | | **PASSÉ INDÉFINI.** | |
| Je | reç ois. | J'ai | reçu. |
| Tu | reç ois. | Tu as | reçu. |
| Il | reç oit. | Il a | reçu. |
| Nous | recev ons. | Nous avons | reçu. |
| Vous | recev ez. | Vous avez | reçu. |
| Ils | reçoiv ent. | Ils ont | reçu. |
| **IMPARFAIT.** | | **PLUS—QUE—PARFAIT.** | |
| Je | recev ais. | J'avais | reçu. |
| Tu | recev ais. | Tu avais | reçu. |
| Il | recev ait. | Il avait | reçu. |
| Nous | recev ions. | Nous avions | reçu. |
| Vous | recev iez. | Vous aviez | reçu. |
| Ils | recev aient. | Ils avaient | reçu. |
| **PASSÉ DÉFINI.** | | **PASSÉ ANTÉRIEUR.** | |
| Je | reçu s. | J'eus | reçu. |
| Tu | reçu s. | Tu eus | reçu. |
| Il | reçu t. | Il eut | reçu. |
| Nous | reçû mes. | Nous eûmes | reçu. |
| Vous | reçû tes. | Vous eûtes | reçu. |
| Ils | reçu rent. | Ils eurent | reçu. |
| **FUTUR.** | | **FUTUR ANTÉRIEUR.** | |
| Je | recev rai. | J'aurai | reçu. |
| Tu | recev ras. | Tu auras | reçu. |
| Il | recev ra. | Il aura | reçu. |
| Nous | recev rons. | Nous aurons | reçu. |
| Vous | recev rez. | Vous aurez | reçu. |
| Ils | recev ront. | Ils auront | reçu. |

## Mode Conditionnel.

| PRÉSENT. | PASSÉ (1re forme). | |
|---|---|---|
| Je recev rais. | J'aurais | reçu. |
| Tu recev rais. | Tu aurais | reçu. |
| Il recev rait. | Il aurait | reçu. |
| Nous recev rions. | Nous aurions | reçu. |
| Vous recev riez. | Vous auriez | reçu. |
| Ils recev raient. | Ils auraient | reçu. |

### PASSÉ (2e forme).

| J'eusse | reçu. | Nous eussions | reçu. |
|---|---|---|---|
| Tu eusses | reçu. | Vous eussiez | reçu. |
| Il eût | reçu. | Ils eussent | reçu. |

## Mode Impératif.

| S. 2e pers. Reç ois. | P. 1re pers. Recev ons. |
|---|---|
| | 2e pers. Recev ez. |

## Mode Subjonctif.

| PRÉSENT. | PASSÉ. | |
|---|---|---|
| Que je reç oive. | Que j'aie | reçu. |
| Que tu reç oives. | Que tu aies | reçu. |
| Qu'il reç oive. | Qu'il ait | reçu. |
| Que nous recev ions. | Que nous ayons | reçu. |
| Que vous recev iez. | Que vous ayez | reçu. |
| Qu'ils reçoiv ent. | Qu'ils aient | reçu. |

| IMPARFAIT. | PLUS-QUE-PARFAIT. | |
|---|---|---|
| Que je reçu sse. | Que j'eusse | reçu. |
| Que tu reçu sses. | Que tu eusses | reçu. |
| Qu'il reçû t. | Qu'il eût | reçu. |
| Que nous reçu ssions. | Que nous eussions | reçu. |
| Que vous reçu ssiez. | Que vous eussiez | reçu. |
| Qu'ils reçu ssent. | Qu'ils eussent | reçu. |

## Mode Infinitif.

| PRÉSENT. | PASSÉ. |
|---|---|
| Recev oir. | Avoir reçu. |

## Mode Participe.

| PRÉSENT. | PASSÉ. |
|---|---|
| Recev ant. | Reçu, reçu e, ayant reçu. |

**§ 109.** — REMARQUE I. — Ne confondez pas la terminaison **ai**, du passé défini, avec la terminaison **ais**, de l'imparfait.

Pour éviter cette confusion, mettez la phrase au pluriel. Exemples : Hier, je labour**ai** mon champ, — hier, nous labour**âmes** notre champ. — Voilà le passé défini. — Au contraire, *je parlais quand il entra*, devient au pluriel *nous parl***ions** *quand il entra* ; voilà l'imparfait de l'indicatif.

II. — Quant aux terminaisons **ais, ait ; ait, aient**, on les distingue en considérant le sujet. **Ais** appartient à la 1^{re} et à la 2^e personne du singulier ; **ait**, à la 3^e personne du singulier ; **aient**, à la 3^e personne du pluriel.

---

### Exercices sur la troisième conjugaison.

Ex. **728.** Conjuguez, sur *recevoir*, les verbes devoir (je dois), apercevoir, concevoir [2], décevoir, percevoir, redevoir. (Les autres sont irréguliers.)

Intitulez ce morceau : « *Les bœufs* » et mettez les verbes soulignés à la 3^e personne du pluriel du présent de l'indicatif.

#### LE BŒUF.

Ex. **729.** Le bœuf ne *doit* à *l'homme* aucune reconnaissance ; car *il reçoit* de *lui* moins d'avantages qu'*il ne lui* en *procure*. *Il n'amaigrit* point *son pâturage*, comme *le cheval* ; au contraire, *il le fertilise*, et jamais *il ne déçoit* [2] la confiance *du laboureur. Sa* patience est admirable. *Il a* la force et la docilité. Aussi *est-il le domestique le plus utile* et *le plus précieux de la ferme.*

*(Extrait de* BUFFON.)

Ex. : **730.** Le bœuf fait son portrait. Écrivez : Je ne dois à l'homme..., etc.

Ex. : **731.** Les bœufs font leur portrait. Écrivez : Nous ne devons..., etc.

Ex. : **732.** Écrivez : O bœuf, tu ne dois..., etc.

Ex. : **733.** Écrivez : O bœufs, vous ne..., et mettez les verbes au pluriel.

Ex. : **734. Imparfait de l'indicatif.** — Mettez les verbes à la 3^e personne du singulier. Écrivez : Le bœuf ne devait à l'homme...

Ex. : **735.** Mettez les verbes à la 3^e personne du pluriel. Écrivez : Les bœufs ne devaient...

Ex. : **736.** Un bœuf raconte sa vie passée. Écrivez : Je ne devais... Ma...

Ex. : **737.** Des bœufs racontent leur passé. Écrivez : Nous ne devions... Notre...

---

1. Concevoir, signifie le plus souvent comprendre ou imaginer.

2. Jamais il ne déçoit, c'est-à-dire il ne trompe *jamais.*

Ex. : 738. Écrivez : O bœuf, tu ne devais à l'homme... etc.

Ex. : 739. Écrivez : O bœufs, vous ne deviez..., etc.

Ex. : 740. Faites les mêmes exercices au passé défini, au passé indéfini, au passé antérieur, au futur simple, au futur antérieur et aux deux conditionnels. (Le Maître indiquera la personne.)

Ex. 741. **Subjonctif présent.** — Dieu veut que je *doive* tout à mes parents. Ma faiblesse exige *que je reçoive* d'eux, dès ma plus tendre enfance, des soins continuels. Il convient donc que *je ne déçoive* pas les justes espérances qu'ils placent en moi. Il faut *que je conçoive* bien que je *dois* une vive reconnaissance à mon père et à ma mère, afin que *je paye* la dette énorme *que j'ai* contractée à leur égard.

Ex. : 742. Écrivez au pluriel : Dieu veut que nous devions..., etc.

Ex. : 743. Écrivez : Dieu veut que tu doives...

Ex. : 744. Écrivez : Dieu veut que vous deviez...

Ex. : 745. Écrivez : Dieu veut que l'enfant doive...

Ex. : 746. Écrivez : Dieu veut que les enfants doivent...

Ex. : 747-752. Mettez le même exercice au subjonctif imparfait : Dieu voulait que je dusse tout... (6 exercices.)

Choisissez un mot dans chaque colonne et formez des phrases sur le modèle suivant : *je reçois une récompense.*

| VERBES. | COMPLÉMENTS. |
|---|---|

Ex. **753.** Recevoir. — Devoir. — Décevoir. — Percevoir. — Apercevoir. — Concevoir. ⎱ Récompense. — Impôt. — Etoile. — Somme. — Espérance. — Projet.

Ex. 754. Mettez les verbes des mêmes phrases aux autres personnes : *Tu reçois une récompense*, etc.

Ex. 755. Mettez les verbes à toutes les personnes de l'imparfait de l'indicatif.

**Révision.** — Choisissez un mot dans chaque colonne et formez des phrases sur le modèle suivant : *Je liai la gerbe.*

Ex. **756.** Charger. — Corriger. — Manger. — Côtoyer. — Rudoyer. — Percer. ⎱ Fruit. — Domestique. — Fardeau. — Rivière. — Trou. — Devoir.

Ex. 757-762. Mettez les mêmes phrases à toutes les personnes de l'imparfait de l'indicatif.

Ex. 763-768. Mettez les mêmes phrases à toutes les personnes du passé défini.

Dans les exercices suivants, remplacez le trait — par le verbe en italique.

Ex. **769.** Je *dois*, tu —, nous —, vous — une grande reconnaissance à vos bienfaiteurs. J'*aperçois*, tu — les défauts des autres, mais tu n' — pas les tiens. — Je *dois*, un enfant —, les enfants — parler à propos. L'élève *reçoit*, tu —, nous —, vous —, des maîtres les plus grands bienfaits. Je *conçois*, tu —, nous — les hommes — à peine la grandeur de Dieu.

Ex. **770.** Je *percevrai*, il —, nous —, vous —, l'homme —, les hommes — par leurs sens l'impression des choses qui les entourent. Je *recevrai*, l'élève — la récompense méritée. Qui *concevra*, quels hommes — l'étendue infinie de l'univers! Le percepteur *recevra*, les percepteurs — les impôts.

**§ 110. REMARQUE.** — La terminaison *ut* appartient au passé défini, tandis que *ût* appartient à l'imparfait du subjonctif. On les distingue en mettant la phrase au pluriel.

---

Choisissez un mot dans chaque colonne, et imitez le modèle suivant : *Il reçut une lettre.*

Ex. **771.** Apercevoir.—Con-{ Somme. — Soupçon¹. — Cadeau. — Projet². — Espérance. — Impôt. — Argent.
cevoir. — Recevoir. — Redevoir} — Percevoir. — Décevoir. (

Ex. **772.** Imitez le modèle suivant : *Il fallait qu'il reçût une lettre.*

Ex. **773.** Imitez ce modèle : *Il fallait que vous reçussiez une lettre.*

### CRIS ET MANIÈRE D'ÊTRE DES ANIMAUX.

**Récapitulation.** — Mettez au pluriel les mots en *italique*.

Ex. **774.** Quelle diversité dans les cris que *pousse la bête!*

*Le coursier hennit, le bœuf beugle ou mugit, le chien aboie, le cochon grogne, le mouton bêle, le chat miaule, le coq chante, la poule caquette et glousse, le poulet piaule, le lion rugit, le loup hurle, le renard glapit, le cerf brame, la tourterelle roucoule, la corneille croasse, la grenouille coasse, la pie jacasse, le pierrot pépie, le merle siffle, l'hirondelle gazouille, l'insecte bourdonne, l'homme parle, chante et siffle tout à la fois.*

Ex. **775.** Il n'existe pas moins de variété dans l'allure des différents animaux. *Le coursier marche, trotte ou galope; certain poney*³*trotte l'amble, c'est-à-dire qu'il avance* alternativement les deux jambes du côté droit, puis celles du côté gauche. *Tout autre quadrupède marche ou saute; l'oiseau vole, grimpe ou sautille, l'aigle plane*⁴ *au haut des airs; le serpent rampe, le poisson nage; l'homme marche, danse, saute, grimpe et nage,* suivant les circonstances.

### L'ANGE ET L'ENFANT.

Conjuguez les verbes en *italique* au temps où ils se trouvent dans le morceau suivant.

Ex. **776.** Un ange au radieux ⁵ visage,
Penché sur le bord d'un berceau,
*Semblait* contempler ⁶ son image
Comme dans l'onde d'un ruisseau.

---

1. **Soupçon,** croyance défavorable, mêlée de doute; on a des soupçons quand on pense que telle personne pourrait bien avoir fait telle ou telle chose.

2. **Projet,** dessein que l'on a de faire telle ou telle chose.

3. **Poney,** petit cheval à longs poils, originaire d'Irlande et d'Écosse.

4. **Planer,** se soutenir en l'air sans remuer les ailes.

5. **Radieux,** rayonnant, brillant.

6. **Contempler,** regarder avec attention.

Charmant enfant qui me *ressemble*,
Disait-il, oh ! viens avec moi.
Viens : nous *serons* heureux ensemble ;
La terre *est* indigne de toi.

Là, jamais entière allégresse [1] ;
L'âme y souffre de ses plaisirs [2] ;
Les airs de joie *ont* leur tristesse,
Et les voluptés leurs soupirs.

Eh quoi ! les chagrins, les alarmes [3],
Viendraient *flétrir* ce front si pur,
Et dans l'amertume des larmes
Se *terniraient* tes yeux d'azur [4].

**Ex. 777.** Non, non, dans les champs de l'espace [5]
Avec moi tu vas t'envoler ;
La Providence te fait grâce
Des jours que tu *devais* couler.

Que personne dans ta demeure
N'*obscurcisse* ses vêtements [6] ;
Qu'on accueille ta dernière heure,
Ainsi que tes premiers moments [7].

Que les fronts y *soient* sans nuage [8]
Que rien n'y *révèle* un tombeau ;
Quand on *est* pur comme à ton âge,
Le dernier jour est le plus beau.

Et, secouant ses blanches ailes,
L'ange, à ces mots, *prit* son essor [9]
Vers les demeures éternelles...
Pauvre mère !... ton fils est mort.          REBOUL.

### QUESTIONNAIRE.

Conjuguez de vive voix les temps simples et les temps composés de *recevoir*.

Quelle différence y a-t-il entre *ai*, *ais*, *ait*, *aient* ?

Quelle différence y a-t-il entre la désinence *ut* et la désinence *ût* ?

1. **Allégresse**, joie très-vive.
2. C.-à-d., ses plaisirs mêmes sont pour elle une source de chagrins.
3. **Alarme**, crainte très-vive.
4. **D'azur**, c.-à-d., bleus comme l'azur du ciel.
5. C.-à-d., dans le ciel.

6. C.-à-d., que personne ne prenne des vêtements de deuil.
7. C.-à-d., qu'on soit gai à ta mort comme on le fut à ta naissance.
8. C.-à-d., soient gais comme un ciel sans nuage.
9. **Essor** : prendre son essor, c'est s'envoler.

LE VERBE.

## Quatrième Conjugaison.

### § 111. *Verbe* RENDRE. — *Radical* Rend.

### Mode Indicatif.

**TEMPS SIMPLES.**

#### PRÉSENT.

Je rend s.
Tu rend s.
Il rend.
Nous rend ons.
Vous rend ez.
Ils rend ent.

#### IMPARFAIT.

Je rend ais.
Tu rend ais.
Il rend ait.
Nous rend ions.
Vous rend iez.
Ils rend aient.

#### PASSÉ DÉFINI.

Je rend is.
Tu rend is.
Il rend it.
Nous rend îmes.
Vous rend îtes.
Ils rend irent.

#### FUTUR SIMPLE.

Je rend rai.
Tu rend ras.
Il rend ra.
Nous rend rons.
Vous rend rez.
Ils rend ront.

**TEMPS COMPOSÉS.**

#### PASSÉ INDÉFINI.

J'ai rend u.
Tu as rend u.
Il a rend u.
Nous avons rend u.
Vous avez rend u.
Ils ont rend u.

#### PLUS-QUE-PARFAIT.

J'avais rend u.
Tu avais rend u.
Il avait rend u.
Nous avions rend u.
Vous aviez rend u.
Ils avaient rend u.

#### PASSÉ ANTÉRIEUR.

J'eus rend u.
Tu eus rend u.
Il eut rend u.
Nous eûmes rend u.
Vous eûtes rend u.
Ils eurent rend u.

#### FUTUR ANTÉRIEUR.

J'aurai rend u.
Tu auras rend u.
Il aura rend u.
Nous aurons rend u.
Vous aurez rend u.
Ils auront rend u.

## Mode Conditionnel.

PRÉSENT.

Je rend rais.
Tu rend rais.
Il rend rait.
Nous rend rions.
Vous rend riez.
Ils rend raient.

PASSÉ.

J'aurais rend u.
Tu aurais rend u.
Il aurait rend u.
Nous aurions rend u.
Vous auriez rend u.
Ils auraient rend u.

PASSÉ ( 2ᵉ *forme* ).

J'eusse rend u.
Tu eusses rend u.
Il eût rend u.

Nous eussions rend u.
Vous eussiez rend u.
Ils eussent rend u.

## Mode Impératif.

*S*. 2ᵉ *pers*. Rend s.

*P*. 1ʳᵉ *pers*. Rend ons.
2ᵉ *pers*. Rend ez.

## Mode Subjonctif.

PRÉSENT.

Que je rend e.
Que tu rend es.
Qu'il rend e.
Que nous rend ions.
Que vous rend iez.
Qu'ils rend ent.

PASSÉ.

Que j'aie rend u.
Que tu aies rend u.
Qu'il ait rend u.
Que nous ayons rend u.
Que vous ayez rend u.
Qu'ils aient rend u.

IMPARFAIT.

Que je rend isse.
Que tu rend isses.
Qu'il rend ît.
Que nous rend issions.
Que vous rend issiez.
Qu'ils rend issent.

PLUS-QUE-PARFAIT.

Que j'eusse rend u.
Que tu eusses rend u.
Qu'il eût rend u.
Que nous eussions rend u.
Que vous eussiez rend u.
Qu'ils eussent rend u.

## Mode Infinitif.

PRÉSENT.

Rend re.

PASSÉ.

Avoir rend u.

## Mode Participe.

PRÉSENT.

Rend ant.

PASSÉ.

Rend u, rend ue.
Ayant rend u.

## Exercices sur la quatrième Conjugaison.

Conjuguez sur *Rendre :* attendre, fendre, défendre, pendre, répondre, perdre, mordre, pondre, tondre, vendre.

**Ex. 778.** Indicatif présent. Mettez à la 3ᵉ personne du pluriel. Ex.; *Ils vendent.*

| | | |
|---|---|---|
| Il vend. | Il fend. | Il fond. |
| Il tend. | Il détend. | Il tond. |
| Il correspond. | Il étend. | Elle vend. |
| Elle répond. | Il défend. | Il perd. |
| Elle prétend. | Elle entend. | Elle descend. |
| Il confond. | Il revend. | Il entend. |

**Ex. 779.** Passé indéfini. Mettez au pluriel. Ex. : *Nous avons tendu.*

| | | |
|---|---|---|
| J'ai tendu. | Tu as entendu. | J'ai revendu. |
| Il a mordu. | Il a prétendu. | Tu as tordu. |
| Tu as tondu. | J'ai combattu. | Il a corrompu. |
| Il a descendu. | Tu as suspendu. | Elle a défendu. |
| Il a perdu. | Il a interrompu. | La poule a pondu. |

**Ex. 780.** Futur. Mettez au singulier. Ex. : *Tu descendras.*

| | | |
|---|---|---|
| Vous descendrez. | Elles comprendront. | Vous perdrez. |
| Ils tendront. | Nous rejoindrons. | Nous rendrons. |
| Nous interromprons. | Ils contraindront. | Ils répandront. |
| Ils suspendront. | Elles prétendront. | Vous contraindrez. |
| Vous plaindrez. | Elles étendront. | Elles apprendront. |

**Ex. 781.** Conditionnel présent. Changez le nombre. Ex. : *Ils suspendraient.*

| | | |
|---|---|---|
| Il suspendrait. | Je mordrais. | Il revendrait. |
| Tu vendrais. | Nous perdrions. | Vous vendriez. |
| Vous entendriez. | Vous abattriez. | Ils surprendraient. |
| Nous tordrions. | Tu étendrais. | Nous apprendrions. |
| Vous prétendriez. | Il reviendrait. | Je descendrais. |

**Ex. 782.** Conditionnel passé. Mettez au pluriel. Ex.: *Nous aurions rompu.*

| | | |
|---|---|---|
| J'aurais rompu. | Il aurait suspendu. | Elle aurait perdu. |
| Tu aurais étendu. | Elle aurait abattu. | Tu aurais vendu. |
| Il aurait vendu. | Tu aurais fendu. | Elle aurait tendu. |
| Il aurait confondu. | J'aurais entendu. | Elle aurait revendu. |
| Tu aurais prétendu. | Elle aurait pondu. | J'aurais attendu. |

### LE MOINEAU.

Mettez ce morceau au pluriel : *Nous sommes des oiseaux...*

**Ex. 783.** S'il faut en croire Monsieur de Buffon, *je suis* un *oiseau gourmand* et paresseux. *Je ne rends* aucun service et *je* *fonds* avec avidité sur le bien d'autrui. *Je confonds* le mien et *le* tien avec facilité, et *je réponds* fort mal aux vues [2] de la Providence. *J'entends* d'ailleurs le moindre bruit, et par conséquent *je me défends* facilement des piéges que me *dresse* le *chasseur.*

**Ex. 784.** Enfants, dont *je suis* les délices, n'écoutez point ces calomnies [3]. Si *je perds* par an quelques litres de blé, de quelle foule innombrable d'insectes *je débarrasse* l'homme! *Je le défends* contre ses ennemis les plus incommodes. *Je le prétends* donc avec raison : *je suis* beaucoup plus *utile* que *nuisible.*

(D'après BUFFON.)

Ex. 785. Mettez les verbes à la 2ᵉ personne du singulier : *Tu es un oiseau...*, etc.

Ex. 786. Mettez les verbes à la 2ᵉ personne du pluriel. Ex. : *Vous êtes des oiseaux...*, etc.

Ex. 787. Mettez les verbes à la 3ᵉ personne du singulier : *Le moineau est un oiseau...*, etc.

Ex. 788. Mettez les verbes à la 3ᵉ personne du pluriel. Écrivez : *Les moineaux sont des oiseaux.*

### L'AGRICULTEUR DILIGENT.

**Ex. 789.** L'agriculteur diligent n'*attend* pas le printemps pour se mettre au travail. Il ne *perd* pas dans l'oisiveté [4] les journées de l'hiver. Tantôt il *tend* des piéges aux animaux nuisibles qui désolent sa ferme; tantôt il *fend* le bois dont il *a* besoin pour chauffer sa famille. Quand le temps le permet, il se *rend* à la ville et il y *vend* une partie de la dernière moisson.

Ex. 790. Mettez les verbes à la 3ᵉ personne du pluriel : *Les agriculteurs diligents n'attendent pas...*, etc.

Ex. 791. Écrivez : En agriculteur diligent je n'attends pas...

Ex. 792. **Imparfait de l'indicatif.** Mettez les verbes à la 3ᵉ personne du singulier : *Autrefois*, l'agriculteur...

Ex. 793. Mettez les verbes à la 3ᵉ personne du pluriel.

Ex. 794. Mettez les verbes à la 1ʳᵉ personne du singulier. Écrivez : En agriculteur diligent, je n'attendais..., etc.

Ex. 795. Mettez les verbes à la 1ʳᵉ personne du pluriel. Écrivez : En agriculteurs diligents, *nous n'attendions pas...*

Ex. 796. Mettez les verbes à la 2ᵉ personne du singulier. Écrivez: Agriculteur diligent, *tu n'attendais pas...*

Ex. 797. Mettez les verbes à la 2ᵉ personne du pluriel.

Ex. 798-804. **Passé défini.** Faites successivement les six exercices précédents, en mettant les verbes au *passé défini.*

Ex. 804. **Futur simple.** — Faites les six exercices précédents en mettant les verbes au futur.

Ex. 805. Écrivez : *Il faut que...* devant chaque phrase, et mettez les verbes de l'ex. 789 au présent du subjonctif.

---

1. **Fondre,** a ici le sens de s'élancer sur, se jeter impétueusement.
2. **Vues,** c.-à-d. intentions.
3. **Calomnie,** fausse accusation dirigée avec intention contre la réputation et l'honneur d'autrui.
4. **Oisiveté;** c'est la cessation de tout travail, de toute occupation.

§ **112.** Remarque. Les verbes en **indre** et en **soudre**, comme *atteindre, joindre, craindre*, perdent le *d* à la première et à la deuxième personne du singulier de l'indicatif présent; à la troisième, ils prennent un *t* : j'*attein***s**, tu *attein***s**, il *attein***t**; je *join***s**, tu *join***s**, il *join***t**, je *résou***s**, tu *résou***s**, il *résou***t**.

§ **113.** Aux trois personnes du pluriel de l'indicatif présent, et dans plusieurs autres temps, les verbes en **indre** prennent un *g* : nous *joignons*, vous *joignez*, ils *joignent*. Je *joignais*. Je *joignis*. *Joignant*.

Ex. **806.** Conjuguez au présent de l'indicatif, à l'imparfait de l'indicatif, au passé défini, à l'impératif, au subjonctif présent, et au subjonctif imparfait les verbes : joindre, feindre, craindre, plaindre, éteindre, atteindre, ceindre, teindre.

Choisissez un mot dans chaque colonne, et formez des phrases sur le modèle suivant : *Nous éteignîmes un feu.*

Ex. **807.** Eteindre. — Craindre. — Peindre. — Teindre. — Enfreindre [1]. — Ceindre [2]. { Devanture. — Etoffe. — Incendie. — Echarpe. — Punition. — Règlement.

Ex. **808.** Plaindre. — Atteindre. — Feindre. — Restreindre [3]. — Joindre. — Reteindre. { Malheureux. — Habit. — But. — Maladie. — Dépense. — Les deux bouts.

Imitez, à l'aide des mêmes mots, les modèles suivants :

Ex. **809-814.** 1º Vous éteignez un feu. — 2º J'éteignais un feu. — 3º Nous éteignîmes un feu. — 4º Nous éteignions un feu. — 5º J'éteignis un feu. — 6º Il éteignit un feu.

### Mode subjonctif.

Choisissez un mot dans chaque colonne, et formez des phrases sur le modèle suivant : *Il faut que je craigne le maître.*

Ex. **815.** Craindre. — Plaindre. — Peindre. — Teindre. — Ceindre. — Atteindre. { Robe. — Paysage. — Déshonneur. — Couronne. — But. — Orphelin.

Ex. **816.** Mettez les verbes aux autres personnes du présent et de l'imparfait du subjonctif.

Choisissez un mot dans chacune des colonnes de l'ex. **817**, et formez des phrases sur le modèle suivant : *Il faut que tu défendes le pays.*

---

1. **Enfreindre**, désobéir à...
2. **Ceindre**, entourer, environner, | mettre autour de la tête....
| 3. **Restreindre**, diminuer.

**Ex. 817.** Fendre. — Défen-⎫  Occasion. — Brebis. — Ré-
dre. — Attendre. — Tondre.⎬ colte. — Bois. — Menteur. —
— Vendre. — Fondre. — Con-⎭ Patrie. — Cire.
fondre [1].

**Ex. 818.** Mettez ces phrases à la 1re pers. plur. du même temps.

**Ex. 219.** Mettez les verbes à l'imparfait du subjonctif, et imitez les modèles uivants : 1° Il rendit le service. — 2° Il fallait qu'il rendit le service.

### LES BONNES RÉSOLUTIONS.

**Ex. 820.** Désormais, il est nécessaire que je *sois* bien sage et que j'*étudie* tous les jours mes leçons. Il n'est pas convenable que j'*attriste* mes parents et que j'*irrite mes* professeurs par *ma* négligence. Il est nécessaire que je *travaille* avec ardeur et que je *prépare* avec soin *mon* avenir [2]. *Mes* parents comptent sur l'éducation qu'ils me donnent : il est juste que je n'*abuse* pas de leur bonté et que je *réponde* à leur espérance.

**Ex. 821.** Faites le même exercice : 1° En changeant *je* en *tu*.

**Ex. 822.** 2° Changez *je* en *nous*.

**Ex. 823.** 3° Remplacez *je* par *il*. Désormais il est nécessaire que cet élève... et qu'*il*..., etc.

**Ex. 824.** 4° Remplacez *il* par *ils* : Désormais, il est nécessaire que ces élèves soient... et qu'ils.., etc.

**Ex. 825.** Supprimez les pronoms, et mettez l'exercice à l'impératif : Désormais sois bien sage, et...

**Ex. 826.** Mettez cet exercice à la 1re personne pluriel de l'impératif.

**Ex. 827.** Mettez cet exercice à la 2e personne pluriel du même temps.

**Imparfait du subjonctif.** — Mettez les verbes de l'exercice suivant à la 1re personne du pluriel.

**Ex. 828.** Quand j'étais jeune, il était nécessaire que je *fusse* bien sage et que j'*étudiasse* tous les jours mes leçons. Il n'était pas convenable que j'*attristasse* mes parents et que j'*irritasse* mes professeurs par *ma* négligence. Il était nécessaire que je *travaillasse* avec ardeur et que je *préparasse* avec soin *mon* avenir. *Mes* parents comptaient sur l'éducation qu'ils me donnaient : il était juste que je n'*abusasse* pas de leur bonté et que je *répondisse* à leur espérance.

**Ex. 829.** Mettez les verbes à la 2e pers. du singulier.

**Ex. 830.** Mettez les verbes à la 2e pers. du pluriel.

**Ex. 831.** Mettez les verbes à la 3e pers. du singulier.

**Ex. 832.** Mettez les verbes à la 3e pers. du pluriel.

---

**1. Confondre,** couvrir de honte une personne en prouvant qu'elle ne dit pas la vérité.

**2. Avenir,** signifie ici, « profession que l'on doit embrasser plus tard. »

6.

## OBSERVATIONS GÉNÉRALES

### SUR L'ORTHOGRAPHE DES VERBES.

**§ 114.** La deuxième personne du singulier, excepté à l'impératif de la 1ʳᵉ conjugaison, s'écrit toujours avec un **s** : tu *aimes*, tu *aimais*, tu *aimas*, tu *aimerais*, que tu *aimes*.

**§ 115.** La deuxième personne du pluriel se termine ordinairement par **ez** : vous *aimez*, vous *finissez*.

**§ 116.** La troisième personne du pluriel se termine ordinairement par **ent** : ils *aiment*, ils *aimaient*.

---

### LETTRE D'UN PÈRE A SON FILS MALADE.

**Mettez *vous* au lieu de *tu*. Ex. : *Vous devez* juger par toutes les inquiétudes que m'a causées *votre* maladie, combien j'ai de joie de *votre* guérison.**

**Ex. 833.** *Tu dois* juger par toutes les inquiétudes que m'a causées *ta* maladie, combien j'ai de joie de *ta* guérison. *Tu as* beaucoup de grâces à rendre à Dieu, de ce qu'il a permis qu'il ne *te* soit arrivé aucun fâcheux accident, et que la fluxion[1] qui *t'*était tombée sur les yeux n'ait point eu de suites. Je loue extrêmement la reconnaissance que *tu témoignes* pour tous les soins que *ta* mère a pris de *toi*. J'espère que *tu* ne les *oublieras* jamais, et que *tu t'acquitteras* de toutes les obligations[2] que *tu* lui *as*.

**Ex. 834.** *Ta* lettre m'a fait beaucoup de plaisir; elle est fort sagement écrite, et c'est la meilleure et la plus agréable marque que *tu aies* pu me donner de *ta* guérison. Mais ne *te presse* pas encore de retourner à l'étude; je *te* conseille de ne lire que des choses qui *te* fassent plaisir; mais ne *te* donne pas trop de peine, jusqu'à ce que le médecin qui *t'*a traité[3] *te* donne la permission de recommencer *ton* travail. *Présente* mes amitiés à *ton* professeur, et *tâche* qu'il ne se repente point de toutes les peines qu'il a prises pour *toi*. J'espère que j'aurai bientôt le plaisir de *te* revoir. RACINE.

---

1. **Fluxion**, gonflement accompagné d'inflammation, et causé par un amas d'humeur.
2. **Obligation**, lien de reconnaissance qui doit nous attacher à nos bienfaiteurs : au plur., dettes de reconnaissance.
3. **Traiter** un malade, c'est le soigner et lui indiquer les médicaments dont il a besoin.

### UN TRAIT DE LOUIS XII.

Conjuguez les verbes en *italique* au temps où ils se trouvent dans les exercices suivants.

**x. 835.** Je vais, mes chers amis, d'un de nos meilleurs rois,
De Louis douze, ici, vous conter une histoire ;
De ce Père du peuple on *chérit* la mémoire :
La bonté sur les cœurs ne *perd* jamais ses droits [1].
Il sut qu'un grand seigneur, peut-être une Excellence [2],
De battre un laboureur *avait eu* l'insolence ;
Il *mande* [3] le coupable, et, sans rien témoigner [4],
Dans son palais un jour le retient à dîner.
Par un ordre secret, que le monarque *explique* [5],
On sert à ce seigneur un repas magnifique,
Tout ce que de meilleur on peut imaginer,
Hors du pain, que le roi *défend* de lui donner.

**Ex. 836.** Il s'*étonne ;* il ne peut concevoir ce mystère ;
Le roi *passe*, et lui dit : « Vous a-t-on fait grand'chère ?
— On m'*a* bien *servi*, sire, un superbe festin ;
Mais je n'*ai* point *diné :* pour vivre il faut du pain
— Allez, répond Louis avec un front sévère,
Comprenez la leçon que j'*ai voulu* vous faire ;
Et puisqu'il faut, monsieur, du pain pour vous nourrir
*Songez* à bien traiter ceux qui le font venir ! »

ANDRIEUX

### UN CŒUR SIMPLE.

Mettez les verbes à la 2e personne du singulier.

**Ex. 837.** *J'étais* dans ma maison avec un cœur simple ; *je ne concevais* pas de mauvais desseins et *je haïssais* les esprits artificieux. *Je blâmais* celui qui parlait en secret contre son prochain et *je dirigeais* mes yeux sur les gens de bien que *je jugeais* seuls dignes vivre avec moi.          BOSSUET.

Copiez le morceau précédent, et mettez les verbes à la 2e personne du pluriel du même temps.

Mettez les verbes à la 3e personne du pluriel du même temps. Écrivez : *Ces enfants sages étai...*

---

1. C.-à-d., un bon cœur n'oublie jamais quelle reconnaissance il doit à son bienfaiteur.

2. **Excellence**, titre qu'on donne aux ministres.

3. **Mander**, faire venir.

4. C.-à-d., sans lui *témoigner*, lui faire connaître qu'il est irrité.

5. C.-à-d., dont il fait connaître la cause.

## Récapitulation générale sur le Nom, l'Adjectif et le Verbe.

### LA MER.

Corrigez, s'il y a lieu, les mots placés entre parenthèses.

**Ex. 838.** Si nous considérons le fond de la mer, nous y remarquons autant d'(*inégalité*) que sur la surface de la terre ; nous y trouvons des (*hauteur*), des (*vallée*), des (*plaine*), des (*profondeur*), des (*rocher*), des (*terrain*) de toute espèce ; nous y voyons que (*toute*) les (*île*[1]) ne sont que les (*sommet*) de (*vaste*) montagnes, dont le pied et les (*racine*) sont couverts de l'élément liquide[2] ; nous y trouvons d'(*autre*) (*sommet*) de (*montagne*) qui qui sont presque à fleur[3] d'eau ; nous y remarquons des (*courant*) (*rapide*) qui changent souvent de direction, sans jamais sortir de leurs (*limite*).

**Ex. 839.** Là sont ces (*contrée*) (*orageuse*) où les (*vent*) en fureur précipitent[4] les (*tempête*), où la mer et le ciel également agités se choquent et se confondent[5] : ici l'on aperçoit des (*mouvement*) (*intestin*[6]), des (*bouillonnement*), des (*trombe*[7]) et des (*agitation*) (*extraordinaire*) causées par des (*volcan*) dont la bouche vomit le feu du sein des (*onde*) et pousse jusqu'aux (*nue*) une (*noir*) vapeur mêlée d'eau, de soufre[8] et de bitume[9].

**Ex. 840.** Plus loin je vois ces (*gouffre*[10]) dont on n'ose approcher, qui semblent attirer les (*navire*) pour les engloutir ; au delà j'aperçois ces (*vaste*) (*plaine*) toujours (*calme*) et (*tranquille*) mais tout aussi (*dangereuse*), où les vents n'ont jamais exercé leur empire[11], où l'art du nautonnier[12] devient inutile, où il faut rester et périr ; enfin, portant mes (*regard*) jusqu'aux (*extrémité*) du globe, je vois ces (*glace*) (*énorme*) qui se détachent des (*continent*) des (*pôle*[13]), et viennent comme des (*montagne*) (*flottante*) voyager et se fondre jusque dans les régions (*tempéré*).
BUFFON.

---

1. **Ile**, terre entourée d'eau de tous côtés.

2. **Elément liquide**, c.-à-d., l'eau, que l'on croyait être un corps simple ; on sait aujourd'hui qu'elle est composée de deux gaz, que l'on appelle oxygène et hydrogène.

3. **A fleur**, au niveau de l'eau.

4. **Précipitent**, c.-à-d., accélèrent la marche des tempêtes.

5. Les nuages et l'eau semblent se toucher et se mêler.

6. **Intestins**, signifie ici *intérieurs.* C'est une allusion aux courants maritimes ou *courants marins.*

7. **Trombe**, colonne d'eau que le vent fait monter et tourbillonner.

8. **Soufre**, minéral d'un jaune clair, qui s'enflamme très-facilement.

9. **Bitume**, matière grasse qui s'enflamme facilement.

10. **Gouffre**, cavité profonde où l'eau s'engloutit en tournoyant avec violence.

11. C.-à-d., n'ont jamais soufflé.

12. **Nautonnier**, celui qui dirige un navire.

13. **Pôles**, extrémités de la ligne imaginaire sur laquelle la terre tourne d'occident en orient.

QUALITÉS DU BON CHEVAL.

Corrigez, *s'il y a lieu*, les mots placés entre parenthèses.

**Ex. 841.** La tête doit être (*maigre*) et (*menu*), sans être trop (*allongé*), les (*oreille*) peu (*écarté*), (*petit*), (*droit*), (*immobile*), les (*salière*[1]) remplies, les (*paupière*) (*mince*), les yeux (*clair*), (*vif*), (*plein*) de feu, assez gros et avancés à fleur de tête, les (*prunelle*) (*grand*), les (*mâchoire*) (*décharné*[2]) et peu (*épaisse*), les naseaux bien (*ouvert*) et bien fendus, les (*lèvre*) (*délié*), la bouche peu fendue.

**Ex. 842.** Les (*épaule*) doivent être (*plat*) et peu (*serré*), les (*flanc*) (*plein*) et (*court*), la croupe[3] (*rond*), les (*jarret*) (*ample*[4]) et (*évidé*), les (*canon*[5]) (*mince*) sur le devant et (*large*) sur les (*côté*), les (*nerf*) bien détachés[6], la corne (*noir*), (*uni*) et (*luisant*), les (*sabot*) (*haut*), les (*quartier*) (*rond*), les (*talon*) (*large*) et peu (*élevé*), et la sole[7] (*dur*) et creuse.

D'après BUFFON.

L'AMATEUR DE FLEURS.

Intitulez ce morceau : « *Les amateurs de fleurs,* » et faites les changements nécessaires.

**Ex. 843.** *Le fleuriste a* un jardin dans un faubourg; *il s'y rend* au lever du soleil, et *il* le *quitte* à *son* coucher. Vous *le* voyez *planté*, et qui *a* pris racine au milieu de *ses* tulipes et devant la *Solitaire*[8]. *Il* ouvre de grands yeux, *il frotte ses* mains, *il se baisse*, *il la regarde* de plus près, *il ne l'a* jamais vue si belle, *il a* le cœur épanoui de joie; *il la quitte* pour l'*Orientale*; de là *il se rend* à la *Veuve*; *il passe* au *Drap d'or*; de celle-ci à l'*Agate*, d'où *il retourne* enfin à la *Solitaire. Il la contemple, il* l'*admire.*

**Ex. 844.** Dieu et la nature sont en cela tout ce qu'*il n'admire* point; *il* ne *conçoit* rien de plus beau que l'oignon[9] de *sa* tulipe, qu'*il ne donnerait* pas pour mille écus, et qu'*il donnera* pour rien quand les tulipes seront négligées, et que les œillets seront à la mode. *Cet homme raisonnable,* qui *a* une âme, qui *a* un culte et une religion, *regagne sa* demeure *fatigué, affamé,* mais fort *content* de *sa* journée : *il a vu* des tulipes.

D'après LA BRUYÈRE.

1. **Salière,** creux qui se forme au-dessus des yeux des vieux chevaux.
2. **Décharné,** maigre, sans chair.
3. **Croupe,** partie du derrière du cheval.
4. **Ample,** bien développé.
5. **Canon,** partie de la jambe du cheval qui est au-dessous du genou.
6. **Détaché,** qui ressort bien.
7. **Sole,** le dessous du pied.
8. **Solitaire,** espèce de tulipe; de même, l'Orientale, la Veuve, etc.
9. **Oignon** : racine de la tulipe.

UN COMBAT DE TAUREAUX CHEZ LES ESPAGNOLS.

Mettez les verbes au présent de l'indicatif et à la personne convenable, et faites les corrections nécessaires.

**Ex. 845.** Au milieu du champ (*était*) un vaste cirque environné de nombreux (*gradin*); c'est là que les (*jeune*) (*chef*), vêtus d'un simple habit de soie, armés seulement d'une lance, et montés sur de (*rapide*) coursiers, attaquaient et immolaient des taureaux (*sauvage*). Des (*soldat*) à pied plus (*léger*) encore, les cheveux enveloppés dans des (*résille*[1]), (*agitaient*) d'une main un voile de pourpre[2], de l'autre des lances (*aiguë*).

**Ex. 846.** Les rois entourés de leur cour (*présidaient*) à ces jeux (*sanglant*), et l'armée (*entier*), occupant les (*immense*) (*amphithéâtre*), (*témoignait*), par des (*transport*) de plaisir, quel était son amour pour ces (*antique*) (*combat*).

Le signal (*fut*) donné, la barrière (*tomba*), le taureau (*s'élança*) au milieu du cirque; mais, au bruit de mille (*fanfare*), aux (*cri*), à la vue des (*spectateur*), il (*s'arrêta*), inquiet, troublé; ses naseaux (*fumaient*), ses (*regard*) (*brulant*) (*erraient*) sur les (*amphithéâtre*); il (*semblait*) également en proie à la surprise et à la fureur.

**Ex. 847.** Tout à coup il se (*précipita*) sur un cavalier qui le (*blessa*) et fuit rapidement à l'autre bout. Le taureau s'(*irrita*), le (*serra*) de près, (*frappa*) à coups redoublés la terre et (*fondit*) sur le voile éclatant que lui présenta un combattant à pied.

L'adroit espagnol, dans le même instant, (*évita*) à la fois sa rencontre, (*suspendit*) à ses (*corne*) le voile léger et lui (*darda*[3]) une flèche aiguë qui, de nouveau, fait couler son sang.

**Ex. 848.** Percé bientôt de toutes les (*lance*), blessé de ces (*trait*) (*pénétrant*) dont le fer recourbé reste dans la plaie, l'animal (*bondit*) dans l'arène[4] (*poussa*) d'(*horible*) (*mugissement*), s'(*agita*) en parcourant le cirque, (*secoua*) les flèches nombreuses enfoncées dans son large cou, (*dispersa*) ensemble les cailloux broyés, les lambeaux de pourpre, les flots d'écume rougie, et (*tomba*) enfin épuisé d'(*effort*), de colère et de douleur.

FLORIAN.

---

1. **Résille**, petit filet à mailles qui enveloppe les cheveux; sorte de coiffure espagnole.
2. **De pourpre**, c.-à-d. de couleur pourpre (rouge vif).
3. **Darder**, c'est lancer avec force une flèche ou un javelot.
4. **Arène**, espace circulaire, garni de sable, où se font les courses ou les jeux dans les cirques.

## UTILITÉ DE LA RÉFLEXION.

Mettez au temps indiqué les verbes en italique.

Ex. 849. Deux écoliers se *rendent* (*imp. ind.*) ensemble de Penafiel à Salamanque [1]. Se sentant las et altérés, ils *s'arrêtent* (*pass. déf.*) au bord d'une fontaine qu'ils *rencontrent* (*pass. déf.*) sur leur chemin. Là, tandis qu'ils se *délassent* (*imparf. ind.*) après s'être désaltérés, ils *aperçoivent* (*pas. déf.*) par hasard auprès d'eux, sur une pierre à fleur de terre [2], quelques mots déjà un peu effacés par le temps, et par les pieds des troupeaux qu'on *abreuve* (*imp. ind.*) à cette fontaine.

Ex. 850. Ils *jettent* (*pas. déf.*) de l'eau sur la pierre pour la laver et ils *déchiffrent* ces paroles castillanes [3] : « Ici est enfermée l'âme du licencié [4] Pierre Garcias. »

Le plus jeune de ces écoliers, qui *est* (*imp. ind.*) vif et étourdi, n'*a* (*pas. déf.*) pas achevé de lire l'inscription qu'il *s'écrie* (*pas. déf.*) en riant de toute sa force : « Rien n'est plus plaisant : ici est enfermée l'âme ; une âme enfermée, je *désire* (*cond. prés.*) savoir quel original [5] a pu faire une si ridicule épitaphe [6]. » En achevant ces paroles, il se *lève* (*pas. déf.*) pour s'en aller.

Ex. 851. Son compagnon, plus judicieux [7], dit en lui-même : « Il y a là-dessous quelque mystère [8] ; je *désire* (*cond. prés.*) demeurer ici pour l'éclaircir. »

Celui-ci *laisse* (*pas. déf.*) donc partir l'autre, et sans perdre de temps, *commence* (*pas. déf.*) à creuser avec son couteau tout autour de la pierre. Il se *donne* (*pas. déf.*) tant de mal qu'il l'*enlève* (*pas. déf.*). Il trouve (*pas. déf.*) dessous une bourse de cuir qu'il ouvrit.

Ex. 852. Il y avait dedans deux cents écus, avec une carte sur laquelle étaient écrites ces paroles en latin : « *Sois* (2ᵉ *pers. plur.*) mon héritier, *toi* (vous) qui *as* (2ᵉ *p. p.*) eu assez d'esprit pour démêler le sens de l'inscription, et *emploie* (2ᵉ *p. p.*) mieux que moi mon argent. »

---

1. **Penafiel, Salamanque**, villes d'Espagne.. A Salamanque est une école ou université célèbre.

2. **A fleur de terre**, c.-à-d. à la surface du sol, au niveau du sol.

3. **Castillanes**, c.-à-d. en castillan. Le castillan est la langue nationale de l'Espagne, l'espagnol pur.

4. **Licencié**, celui qui a pris ses degrés de *licence*. Le grade de licen-cié, chez nous, tient le milieu entre celui de bachelier et celui de docteur.

5. **Original** signifie ici d'un esprit singulier, excentrique.

6. **Epitaphe**, c'est l'inscription que l'on place sur un tombeau.

7. **Judicieux**, c.-à-d. plus sensé, plus réfléchi.

8. **Mystère**, qui a un sens caché.

L'écolier, ravi de cette découverte, *replace* (*pas. déf.*) la pierre comme elle était auparavant, et *retourne* (*pas. déf.*) à Salamanque avec l'âme du licencié. LESAGE.

## LE TRAVAIL DES CHAMPS.

Changez *tu* en *vous*, et mettez les personnes convenables.

**Ex. 853.** Si *tu connaissais* mieux les occupations enchanteresses[1] de la vie des champs, *tu te hâterais* bientôt de déserter la ville. *Tu serais* avide de te remettre en plein air et en pleine nature. Là *tu retrouverais* la véritable vie humaine, le travail sous le ciel.

**Ex. 854.** Heureux au milieu de tes enfants, *tu te livrerais* à des travaux fortifiants ; *tu verrais* les œuvres de Dieu dans tout leur éclat. Dans la campagne, *tu trouverais* à la fois ton jardin et ta bibliothèque ; *tu pourrais* y lire et y contempler la puissance, la sagesse et la bonté de Dieu. E. NOEL.

## LE GOURMAND.

Écrivez : *Les petits gourmands*, et faites les changements convenables.

**Ex. 855.** *Un gourmand* n'*existe* que pour *soi*. Non *content* de remplir à une table la place qui *lui* appartient, *il occupe lui seul* celle de plusieurs autres ; *il oublie* que le repas est pour *lui* et pour toute la compagnie ; *il se rend maître* du plat et *s'empare* de chaque service[2] ; *il ne s'attache* à aucun des mets qu'*il n'ait achevé* d'essayer de tous ; *il voudrait* pouvoir les savourer[3] tous tout à la fois.

**Ex. 856.** *Il n'emploie* à table que *ses* mains ; *il manie* les viandes, les *remanie*, et en *use* de manière qu'il faut que les conviés mangent *ses* restes. *Il* ne leur *épargne* aucune de ces malpropretés dégoûtantes qui sont capables d'ôter l'appétit aux plus affamés. S'*il enlève* un ragoût[4] de dessus un plat, *il le répand* en chemin dans un autre, ou sur la nappe. On le suit à la trace. (D'après LA BRUYÈRE.)

**Ex. 857.** Écrivez pour titre : «Les petites gourmandes,» et faites les changements convenables.

---

1. **Enchanteresses** signifie ici charmantes, délicieuses.
2. **Service.** Dans les repas de cérémonie, il y a un premier, un second, un troisième service, c.-à-d. on apporte à diverses reprises un certain nombre de plats en même temps qui forment *un service*.
3. **Savourer**, c'est goûter avec attention, avec plaisir un mets ou une boisson quelconque.
4. **Ragoût** se dit d'un mets composé de divers ingrédients et apprêté de façon à exciter l'appétit.

## LE LABOUREUR DILIGENT ET LE LABOUREUR NÉGLIGENT.

**Mettez le pluriel au lieu du singulier.**

**Ex. 858.** *Le laboureur diligent se lève* avant le jour ; le soleil se montre à peine qu'*il est* déjà dans *ses* champs ; *il* les *tourne* et les *retourne* sans relâche ; *il* les *arrose* de *sa* sueur. Combien *est différent le laboureur paresseux !* *il joue, il mange, il se repose* tout le jour, *il laisse* au soleil le soin de féconder *ses* terres. Pour *lui* aussi arrive le temps de la moisson ; mais l'ivraie [1] a étouffé le bon grain ; *il* ne *récolte* que de maigres épis, digne récompense de *sa* coupable négligence.

### AIDONS-NOUS MUTUELLEMENT.

**Corrigez, s'il y a lieu, les mots placés entre parenthèses, et indiquez pour quelle raison vous faites ou ne faites pas de changement.**

**Ex. 859.** Un homme voyageait dans une (*montagne*) (*escarpé*) et (*aride*), et il arriva en un lieu où une pierre (*énorme*) ayant roulé sur la (*route*), la remplissait tout (*entier*), et hors du (*chemin*) il n'y avait (*aucun*) issue [2], ni à gauche ni à droite.

Or cet (*homme*), voyant qu'il ne pouvait continuer son (*voyage*) à cause du (*rocher*), essaya de le mouvoir pour se faire un (*passage*) ; ce travail lui causa une (*grand*) fatigue, et tous ses (*effort*) furent (*vain*).

**Ex. 860.** Ce que voyant, il s'assit plein d'une (*tristesse*) (*amer*) et dit : « Que sera-ce de moi quand la (*noir*) nuit viendra et me surprendra dans cette (*profond*) solitude, sans (*nourriture*), sans (*abri*), sans (*aucun*) défense, à l'heure où les (*bête*) (*féroce*) sortent pour chercher leur (*proie*) ? »

Et, comme il était plongé dans ces (*sombre*) (*pensée*), un autre (*voyageur*) survint, et ayant fait une (*tentative* [3]) aussi (*vain*) que le premier et ayant trouvé ses (*force*) aussi (*impuissant*) à remuer la (*lourd*) (*pierre*), s'assit en (*silence*) et baissa la (*tête*).

**Ex 861.** Et après celui-ci, il vint plusieurs autres (*voyageur*), et aucun ne put mouvoir le (*rocher*), et leur (*crainte*) à tous était (*grand*).

Enfin, l'un d'eux dit aux autres : « Mes (*frère*), prions notre

---

1. **Ivraie**, mauvaise herbe qui croît parmi les blés.
2. **Issue**, sortie.
3. **Tentative**, essai, effort.

Père qui est dans les cieux; peut-être qu'il aura (*pitié*) de nous dans notre (*grand..*) détresse. »

Et, quand ils eurent adressé leur (*fervente*[1]) prière, celui qui avait dit : « Prions, » dit encore : « Mes (*frère..*), ce qu'aucun de nous n'a pu faire par ses (*seul..*) (*effort..*), qui sait si nous ne le ferons pas tous ensemble ? »

**Ex. 862.** Et les (*voyageur..*) se levèrent, et réunissant leurs (*force..*), ils poussèrent le (*rocher*), et le rocher céda[2], et ils poursuivirent leur (*route*) en paix.

Les (*voyageur..*) ce sont les (*homme..*); le (*voyage*) c'est la (*vie*); les (*rocher..*) ce sont les (*misère..*) qu'ils rencontrent à chaque pas sur leur (*route*).

Aucun (*homme*) ne saurait soulever seul ces (*rocher..*); mais Dieu en a mesuré[3] le poids de manière qu'ils n'arrêtent pas ceux qui se prêtent une (*commun..*) assistance.     LAMENNAIS.

### COMMENT BUFFON DEVINT MATINEUX.

###### Mettez à l'imparfait de l'indicatif les verbes soulignés.

**Ex. 863.** Jeune encore, *j'aime* à dormir, et ma paresse me *dérobe* la moitié de mon temps. Mon pauvre Joseph *emploie* tous les moyens pour la vaincre, sans pouvoir réussir. Je lui *promets* un écu[4] toutes les fois qu'il me forcera de me lever à six heures. Il ne *manque* pas le jour suivant de venir me tourmenter à l'heure indiquée, mais je lui *réponds* fort brusquement. Le jour suivant il *arrive* encore : cette fois-là, je lui *adresse* de grandes menaces et je *l'effraie*.

###### Mettez les verbes au passé défini.

**Ex. 864.** « Ami Joseph, lui *dis-je* dans l'après-midi, le matin je *perds* mon temps et tu ne *gagnes* pas ton argent : ne t'effraie plus désormais de mes menaces. » Le lendemain, il *arrive*. D'abord je le *prie*, je le *supplie*, puis je me *fâche*; mais il n'y *attache* aucune importance, et me *force* à me lever malgré moi. Ma mauvaise humeur ne *dure* guère plus d'une demi-heure. Il *est* récompensé alors de sa fermeté par des remercîments et par ce qui lui *est* promis. Je *dois* ainsi au pauvre Joseph dix ou douze volumes au moins de mes ouvrages.

(D'après BUFFON.)

---

1. **Fervente**, ardente, faite du fond du cœur.
2. **Céda**, se déplaça, roula.
3. **C.-à-d.**, en a proportionné le poids à nos forces.
4. **Ecu**, pièce de trois francs.

## LA CHATAIGNE.

*Indiquez le nombre et la personne des verbes imprimés en italique.*

**Ex. 865.** « Que l'étude *est* chose maussade !
A quoi *sert* de tant travailler ? »
*Disait*, et non pas sans *bâiller*,
Un enfant que *menait* son maître en promenade.
Que lui *répondait*-on ? Rien. L'enfant sous ses pas
*Rencontre* cependant une cosse[1] fermée
Et de dards menaçants de toute part *armée*.
Pour la *prendre* il étend le bras.
« Mon pauvre enfant, n'y *touchez* pas !
— Eh ! pourquoi ? — *Voyez*-vous mainte épine cruelle
Toute prête à *punir* vos doigts trop imprudents ?

**Ex. 366.** — Un fruit exquis, monsieur, *est caché* là-dedans.
Sans se *piquer* peut-on l'en tirer ? — Bagatelle[2] !
— Vous *voulez* rire, je *crois*.
Pour *profiter* d'une aussi bonne aubaine[3],
On peut bien prendre un peu de peine
Et se faire *piquer* les doigts.
— Oui, mon fils ; mais, de plus, que cela vous *enseigne*
A *vaincre* les petits dégoûts
Qu'à présent l'étude a pour vous.
Ses épines aussi *cachent* une châtaigne. »

ARNAULT.

*Mettez les verbes en italiques au temps indiqué entre parenthèses.*

### ROUSSEAU ET LE MARCHAND D'OUBLIES.

**Ex. 867.** Un dimanche, nous étions allés, ma femme et moi, dîner à la porte Maillot[4]. Après le dîner, nous *traversons* (pass. défini) le bois de Boulogne[5] jusqu'à la Muette ; là nous nous *plaçons* (p. déf.) sur l'herbe, à l'ombre, et nous *attendons* (p. déf.) le coucher du soleil pour nous en retourner ensuite tout doucement par Passy[6]. Une vingtaine de petites filles, conduites par une religieuse, *arrivent* (p. déf.).

---

1. **Cosse**, nom qu'on donne à l'enveloppe de certains fruits, de certaines graines : la cosse des pois.
2. **Bagatelle**, chose frivole, de peu d'importance, de peu de valeur.
3. **Aubaine**, c'est-à-dire, profit inespéré.
4. Une des portes de Paris.
5. Bois des environs de Paris.
6. Village situé près de Paris.

Ex. **868**. Quelques-unes *folâtrent* (*imp. ind.*) assez près de nous. Durant leurs jeux *passe* (*pas. déf.*) un oublieur avec son tambour et son tourniquet, qui *cherche* (*imp. ind.*) pratique.

Je m'*aperçois* (*pas. déf.*) que les petites filles *convoitent* [1] (*imp. ind.*) fort les oublies [2]. J'*appelle* (*pas. déf.*) l'oublieur et je lui dis : « Faites tirer toutes ces demoiselles chacune à leur tour, et je vous *paie* (*futur s.*) le tout.

Ex. **869**. Avec l'agrément [3] de la gouvernante, je les *range* (*pas. déf.*) d'un côté, et je les *dirige* (*pas. déf.*) de l'autre côté l'une après l'autre, à mesure qu'elles *ont tiré* (*p.-q.-parf. ind.*). Afin de rendre la fête plus gaie, je *recommande* (*pas. déf.*) en secret à l'oublieur d'user de son adresse ordinaire en sens contraire en faisant tomber autant de bons lots qu'il pourrait, et je lui dis que je lui en *paye* (*cond.*) la dépense.

Ex. **870**. Au moyen de cette prévoyance, il y *a* (*pas. déf.*) près d'une centaine d'oublies distribuées, et la joie *est* (*pas. déf.*) générale. Je *prie* (*pas. déf.*) la religieuse de tirer à son tour : elle *accepte* (*p. déf.*) mon offre de bonne grâce, *tire* (*pas. déf.*) comme les pensionnaires, et *reçoit* (*pas. déf.*) sans façon ce qui lui *est* (*imp. ind.*) dû. Nous nous *quittons* (*p. déf.*) très-contents les uns des autres, et cet après-midi *est* (*pas. déf.*) un de ceux dont je me *rappelle* (*fut. simple*) le souvenir avec le plus de satisfaction.                    J.-J. ROUSSEAU.

#### DÉPART DE LA PREMIÈRE CROISADE [4] (1096).

*L'élève fera une liste des noms, des adjectifs et des verbes contenus dans ce morceau.*

Ex. **871**. Dès que le printemps parut, rien ne put contenir [5] l'impatience des croisés ; ils se mirent en marche pour se rendre dans les lieux où ils devaient se rassembler. Le plus grand nombre allait à pied ; quelques cavaliers paraissaient au milieu de la multitude : plusieurs voyageaient montés sur des chars traînés par des bœufs ferrés [6] ; d'autres côtoyaient la mer, descendaient les fleuves dans des barques ; ils étaient vêtus diversement.

---

1. **Convoiter**, désirer vivement.
2. **Oublies**, pâtisserie sèche et mince en forme de corne. De là le mot d'*oublieur* donné au marchand d'oublies.
3. **Agrément**, signifie ici *permission*.
4. **Croisade**, expédition entreprise, à la voix d'un religieux, Pierre l'Ermite, par les seigneurs et le peuple : leur but était de délivrer les chrétiens opprimés par les infidèles. Les croisés portaient une croix brodée sur leurs vêtements ; de là les mots « se croiser. »
5. **Contenir**, retenir, maîtriser empêcher d'éclater.
6. **Ferrés** : on leur avait mis des fers comme aux chevaux.

armés de lances, d'épées, de massues de fer, et la foule des croisés offrait un mélange bizarre de toutes les conditions et de tous les rangs; des femmes paraissaient en armes au milieu des guerriers.

**Ex. 872.** On voyait la vieillesse à côté de l'enfance, l'opulence[1] près de la misère; le casque était confondu avec le froc[2], la mitre[3] avec l'épée, le seigneur avec les serfs[4], le maître avec ses serviteurs. Près des villes, près des forteresses, dans les plaines, sur les montagnes, s'élevaient des tentes, des pavillons pour les chevaliers, et des autels dressés à la hâte pour l'office divin; partout se déployait un appareil de guerre et de fêtes.

**Ex. 873.** D'un côté, un chef militaire exerçait ses soldats à la discipline; de l'autre, un prédicateur rappelait à ses auditeurs les vérités de l'Évangile; on entendait le bruit des clairons et des trompettes; plus loin on chantait des psaumes et des cantiques. On ne rencontrait que des troupes d'hommes revêtus de la croix, jurant d'exterminer les Sarrasins[5], et d'avance célébrant leurs conquêtes; de toutes parts retentissait le cri de guerre des croisés : « Dieu le veut! Dieu le veut! »            MICHAUD.

### LES DEUX FRÈRES.

**L'élève fera une liste de tous les verbes et il en donnera les temps primitifs.**

**Ex. 874.** Jérusalem[6] était un champ labouré; deux frères possédaient la partie de terrain où s'élève aujourd'hui le temple; l'un de ces frères était marié et avait plusieurs enfants; l'autre vivait seul; ils cultivaient en commun le champ qu'ils avaient hérité de leur mère. Le temps de la moisson arrivé, les deux frères lièrent leurs gerbes, et en composèrent deux tas égaux qu'ils laissèrent sur le terrain.

**Ex. 875.** Pendant la nuit, celui des deux frères qui n'était pas marié eut une bonne pensée: il pensa en lui-même : Mon frère a une femme et des enfants à nourrir, il n'est pas juste que ma part soit aussi forte que la sienne; allons, enlevons de mon tas quelques gerbes que j'ajouterai secrètement aux siennes, il ne s'en apercevra pas et il lui sera impossible de les refuser.

---

1. **Opulence**, c.-à-d., les hommes *opulents*, très-riches; la *misère* désigne les pauvres.
2. **Froc**, vêtement des moines, des religieux.
3. **Mitre**, coiffure des évêques.
4. **Serfs**, espèce d'esclaves, obligés de cultiver pour le seigneur.

5. **Sarrasins**, c'est le nom qu'au moyen âge les chrétiens donnaient indistinctement à tous les Musulmans.
6. **Jérusalem**, ancienne capitale de la Palestine. Selon la légende, l'emplacement où fut bâtie la ville n'était encore qu'un champ labouré.

**Ex. 876.** Et il agit comme il avait pensé. La même nuit, l'autre frère s'éveilla et dit à sa femme : Mon frère est jeune, il reste seul et sans compagne, il n'a personne pour l'assister dans son travail et pour le consoler de ses fatigues; il n'est pas juste que nous récoltions du champ commun autant de gerbes que lui; levons-nous, et portons secrètement à son tas un certain nombre de gerbes : il ne s'en apercevra pas demain et ne les refusera pas.

**Ex. 877.** Et ils agirent comme ils avaient pensé. Le lendemain chacun des frères se rendit au champ, et fut bien étonné de constater que les deux tas étaient toujours pareils : ni l'un ni l'autre ne concevait ce prodige[1] ; ils retournèrent dans leurs demeures et ils continuèrent de même pendant plusieurs nuits de suite.

**Ex. 878.** Mais comme chacun d'eux portait au tas de son frère le même nombre de gerbes, les tas demeuraient toujours égaux; jusqu'à ce qu'une nuit, tous deux s'étant placés en sentinelle pour approfondir[2] la cause de ce mystère, ils se rencontrèrent portant chacun les gerbes qu'ils se destinaient mutuellement.

Or, le peuple bénit la place où ces deux hommes avaient eu une si bonne pensée, et la choisit pour y bâtir une maison[3] de Dieu.         LAMARTINE.

### NE REMETS PAS A DEMAIN CE QUE TU PEUX FAIRE AUJOURD'HUI.

#### Mettez les verbes au temps indiqué.

**Ex. 879.** « Je laboure (*fut.*) demain mon champ, disait Jeannot : il ne faut pas perdre de temps, car la saison s'avance : et si je néglige (*imp.*) de cultiver mon champ, je n'aurai (*cond. prés.*) point de blé, et par conséquent point de pain. » — Le lendemain arrive (*p. déf.*). Jeannot est (*imp. ind.*) debout dès l'aurore[4] : il songe (*imp. ind.*) déjà à voir sa charrue, lorsqu'un de ses amis l'invite (*p. déf.*) à un festin de famille. Jeannot hésite (*p. déf.*) d'abord ; mais, en y réfléchissant, il se dit : « Un jour plus tôt ou plus tard, ce n'est (*fut.*) rien pour mon affaire, et un jour de plaisir perdu l'est (*fut.*) toujours. » Il se rend (*p. déf.*) donc au festin de son ami.

**Ex. 880.** Le lendemain, il est (*p. déf.*) obligé de se livrer au repos, car il a (*imp. ind.*) un peu trop mangé, et il a (*imp. ind.*) mal à la tête et à l'estomac. « Demain, nous réparons (*fut. simp.*) cela, » dit-il en lui-même. — Demain arrive (*p. déf.*); il tombe (*p. déf.*) de la pluie : Jeannot a (*p. déf.*) la douleur de ne pouvoir sortir de la journée. — Le jour suivant, le soleil est (*imp. ind.*)

---

1. **Prodige**, chose étonnante, merveilleuse, incompréhensible.
2. **Approfondir**, c.-à-d., chercher, creuser profondément jusqu'à ce qu'on trouve la cause.
3. **Maison de Dieu**, un temple.
4. **Aurore**, lueur qui précède le lever du soleil.

beau ; Jeannot se trouve (*imp. ind.*) plein de courage : malheureusement son cheval est (*imp.*) malade à son tour. Jeannot maudit la pauvre bête. — Le jour suivant est (*imp. ind.*) un jour de fête : personne ne se livre (*imp.*) au travail. Une nouvelle semaine commence (*p. déf.*), et en une semaine on expédie (*cond. prés.*) bien de la besogne.

**Ex. 881.** Il commence (*p. déf.*) par aller à une foire des environs ; il n'a (*imp.*) jamais manqué d'y aller : c'est (*imp.*) la plus belle foire à dix lieues à la ronde. Il se rend (*p. déf.*) ensuite aux noces d'un de ses plus proches parents ; il assiste (*p. déf.*) même à un enterrement ; enfin, il s'arrange (*p. déf.*) si bien que lorsqu'il commence (*p. déf.*) à labourer son champ, la saison de semer est (*imp.*) passée : aussi n'a-t (*p. déf.*)-il rien à récolter.

Quand vous avez (*fut.*) quelque chose à faire, faites-le tout de suite ; car si vous êtes maître du présent, vous ne l'êtes (*fut.*) pas de l'avenir.        P. BLANCHARD

### DEVISE DES ARMES DE LA VILLE DE PARIS.

*Fluctuat nec mergitur* ( Il flotte et ne sombre pas ).

**Ex. 882.** Voyez ce navire qui flotte sur les (*vague*) (*écumant*) d'une mer que les (*vent*) soulèvent avec furie. C'est le symbole de notre antique et (*vaillant*) Lutèce. Les (*boulet*) (*ennemi*) ont labouré les (*flanc*) de sa coque[1] et l'incendie a promené sa torche[2] à travers ses (*mât*) et ses (*hauban*[3]) mutilés. Et néanmoins le pilote[4] qui dirige de ses (*main*) (*ferme*) et (*habile*) cette embarcation vingt fois séculaire[5] a toujours conservé une (*plein*) et (*entier*) confiance.

**Ex. 883.** Ce pilote, c'est le Génie de la France[6]. Les yeux fixés sur la proue[7] où brille une (*resplendissant*) clarté, il a évité les (*écueil*[8]) et défié la fureur des (*orage*) et des (*tempête*). Le vaisseau flotte, et ne sombre[9] pas. Son fanal[10] a pu subir des (*éclipse*) (*passager*), mais il se rallume toujours, éclairant les (*nation*) de la terre de cette (*éclatant*) lumière qui dissipe les (*profond*) ténèbres de l'erreur et des (*préjugé*[11]).

---

1. **Coque**, désigne ici le corps du navire.

2. **Torche**, flambeau fait de corde enduite de résine.

3. **Haubans**, gros cordages qui vont de la tête des mâts au bordage du navire. — *Mutilé*, brisé, déchiré.

4. **Pilote**, celui qui dirige un navire.

5. **Séculaire**, qui a cent ans ou un siècle.

6. **Par cette allégorie**, l'auteur veut montrer qu'aux diverses époques de son histoire, Paris a toujours représenté la France entière.

7. **Proue**, avant d'un navire.

8. **Ecueil**, rocher élevé et voisin de la côte.

9. **Sombrer**, être renversé, couler à fond.

10. **Fanal**, grosse lanterne de navire.

11. **Préjugé**, opinion fausse, reçue sans examen.

# TABLE DES MATIÈRES.

FIN DE LA TABLE DES MATIÈRES.

SAINT-CLOUD. — IMPRIMERIE DE Mᵐᵉ Vᵉ EUG. BELIN.

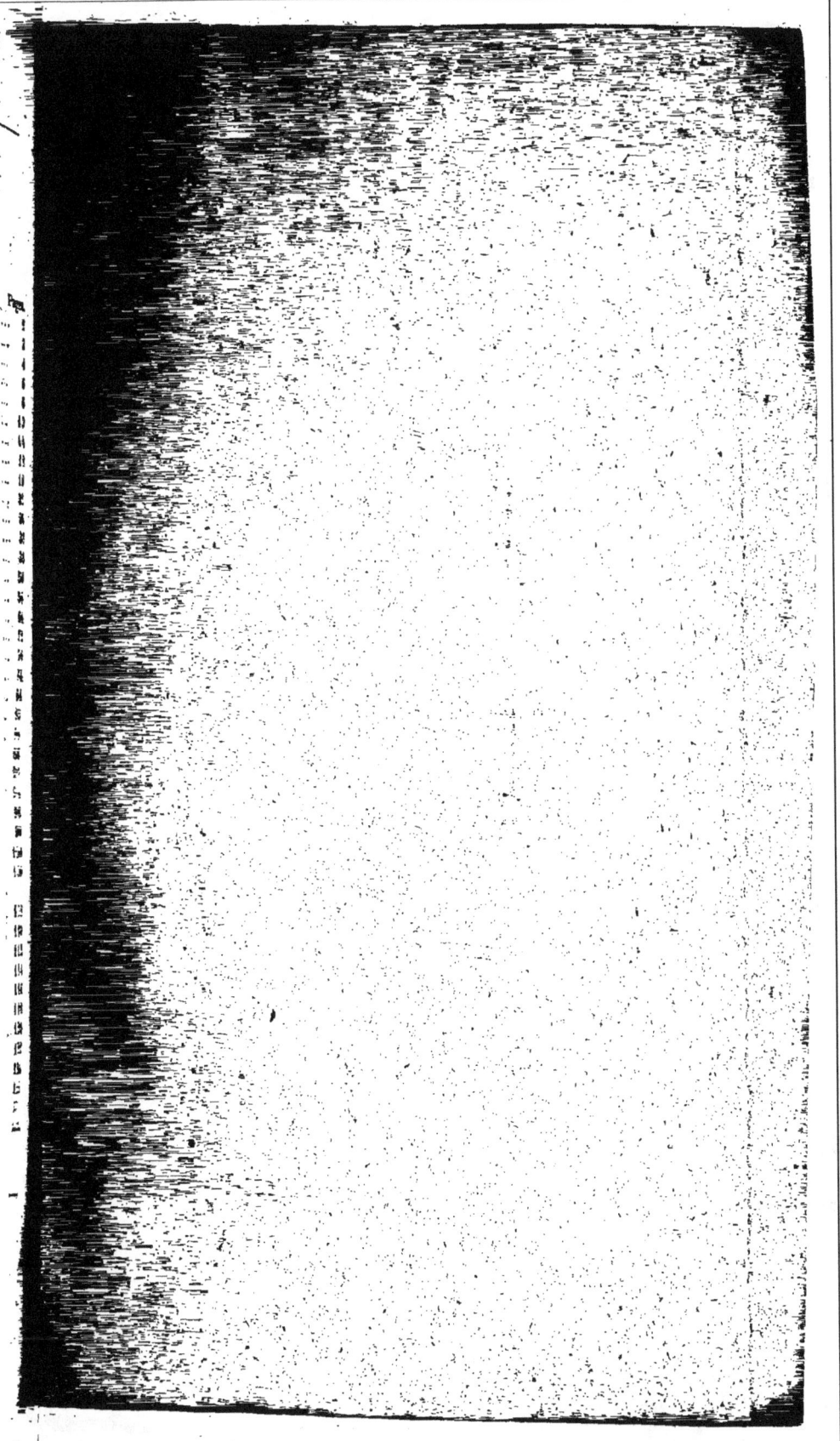

www.ingramcontent.com/pod-product-compliance
Lightning Source LLC
Chambersburg PA
CBHW070808290326
41931CB00011BB/2164